오감자극 엄마표
헝겊 장난감 놀이

이시카와 마리코 지음
임용옥 옮김

오감자극 엄마표 헝겊 장난감 놀이

CONTENTS

Part 1 우리 아이 표현력을 키워주는 헝겊 장난감 놀이

- **04** 작은 친구들 – 부담 없이 손에 쥐고 놀아요 · 1~3세
- **06** 까꿍 놀이 – 주방장갑 안에 숨어 있는 것은? · 1세
- **08** 울고 웃는 표정이 한가득 – 네 쪽 얼굴 그림책 · 1세
- **10** 애벌레의 산책 – 애벌레가 자라 나비가 되기까지 · 3세
- **12** 이건 뭘까? – 세모, 네모, 동그라미 조각이 만나면 · 3세
- **14** 무엇이 나올까? – 이야기 꾸미기 까꿍 놀이 · 3세

Part 2 우리 아이 사고력을 키워주는 헝겊 장난감 놀이

- **33** 수건으로 만드는 친구들 – 동물 인형이 종종걸음 쳐요 · 1세
- **34** 숨바꼭질을 해요 – 곰돌이와 두근두근 숨바꼭질 놀이 · 1세
- **36** 누가 살고 있을까? – 타월 숲의 아파트에 사는 친구들 · 2세
- **38** 유령의 집 – 귀여운 유령들을 찾아라 · 2세
- **40** 토순이의 하루 – 소꿉놀이도 하고 인사말도 익혀요 · 3세
- **42** 바다 속에는 뭐가 있을까? – 바다 속 친구들을 붙였다 떼었다 · 2세
- **44** 숲 속의 집 – 밤에는 동물 친구들도 코 자요 · 3세
- **46** 옷 갈아입히기 책 – 치마를 입었다 바지를 입었다 · 2세

Part 3 우리 아이 상상력을 키워주는 헝겊 장난감 놀이

- **65** 변신 인형 – 모자를 뒤집으면 또 다른 인형이 · 3세
- **66** 여기여기 붙어라 – 얼마나 많이 이을 수 있을까? · 3세
- **68** 우걱우걱 먹보 – 다 먹고 나면 이도 닦아요 · 3세
- **69** 달걀이 쏙! 병아리가 뿅! – 어미 닭이 달걀을 낳고 그 다음엔? · 3세
- **70** 움직이는 교통수단 – 하늘, 바다, 도로 어디든 다녀요 · 3세
- **72** 빨래를 해요 – 엄마 흉내가 즐거운 생활 그림책 · 3세
- **74** 멋쟁이 가방 – 여자아이들은 멋 내기를 좋아해 · 3세
- **76** 의사 선생님의 진료가방 – 역할놀이의 짜릿한 단골메뉴 · 3세
- **78** 케이크를 만들어요 – 내가 좋아하는 장식을 올리자 · 3세

"엄마와 아이가 활짝 웃는 얼굴을 보고 싶어요"
이시카와 마리코

이 책에 소개한 작품들은 누구나 손쉽게 만들 수 있는 것들이에요. 천냥백화점이나 집에서 구할 수 있는 재료들을 본에 따라 가위로 자르고 본드로 붙이고 몇 바늘 꿰매면 완성. 펠트는 자투리를 써도 되고, 타월이나 양말은 생긴 모양 그대로 활용하면 되니까 부담이 없지요. 이 책을 보는 엄마들이 '이 정도라면 나도 할 수 있겠네'라는 마음을 갖도록 해주세요, 기원하며 책을 만들었답니다. 사랑이 넘치는 엄마표 헝겊 장난감 놀이로 소중한 내 아이와 풍성한 커뮤니케이션을 나누는 건 정말 멋진 일일 테니까요.
엄마와 아이의 얼굴에 웃음꽃이 활짝 피어나기를!

"보드라운 헝겊 장난감으로 아이와 스킨십을!"
나카타니 마유미(영유아교육연구소)

헝겊 장난감은 아이의 정서를 안정시키고 마음을 부드럽게 어루만져줍니다. 그런데 중요한 건 어른이 함께 놀아줘야 한다는 것! 나이가 어릴수록 특히 그렇습니다. 리드미컬한 의성어나 의태어를 섞어 쓰면서 장난감을 조작하거나 스킨십 놀이를 어른이 함께 하면 아이의 커뮤니케이션 능력이 쑥쑥 자라납니다. 요즘에는 알록달록 화려한 헝겊 장난감이 상품으로 많이 나와 있죠. 하지만, 일상생활에서 친근하게 접하는 소재를 활용해서 엄마가 손수 만든 것의 가치에는 비길 수 없겠죠. '나는 바느질엔 자신 없어' 하시는 분이라면 꿰맬 부분이 적어 단시간에 만들 수 있는 아이템부터 도전해보세요. 그리고 엄마가 만든 작품으로 아이와 함께 놀아주세요. 환하게 웃는 아이의 얼굴이 분명 '빨리 다른 것도 만들어봐야지' 하는 마음으로 이끌어줄 거예요.

Part 1 우리 아이 표현력을 키워주는 헝겊 장난감 놀이

작은 친구들
: 부담 없이 갖고 놀 수 있는 헝겊 장난감 친구들을 많이 만들어요.

짹짹 아기 새
3세~
만드는 법→18쪽

색실로 뜬 장갑의 손가락 부분으로 만드는 앙증맞은 아기 새들. 아래 부분에 마그넷(자석)을 넣어 마감하거나 '벨크로(찍찍이)'를 붙여서 꿰매면 다양한 장소에 세워놓기 좋아요. '짹짹 아기 새, 짹짹' 등등의 말을 들려주면서 아이의 손에 쥐어주세요.

꿈틀꿈틀 애벌레
1세~
만드는 법→18쪽

천냥백화점에서 파는 헤어밴드를 사용해서 촉감 좋고 빛깔 고운 애벌레 완성. 문구점에서 구할 수 있는 '장난감 뼈'를 가운데 넣어주면 기어가는 모습도 자유자재로 표현할 수 있답니다. 다양한 색과 형태를 시도해보세요.

잼잼 아기

1 세~

만드는 법 → 19쪽

양말로 만드는 인형입니다. 양말의 레이스 부분을 살려 귀여운 아기로 만들거나, 라인을 살려 모자 쓴 쥐나 토끼를 만들 수 있어요. 크기나 형태를 달리 만들어도 좋겠죠. 멜로디칩을 안에 넣으면 소리가 나는 장난감도 되지요.

말랑말랑 고리 던지기

2 세~

만드는 법 → 19쪽

천냥백화점의 헤어밴드에 솜을 넣어 도넛 모양으로 꿰매면 폭신폭신 탄력 있는 고리가 됩니다. 기둥은 페이퍼 홀더를 활용하면 되고요. 아이가 어려서 던지는 동작이 어려우면 머리에 올려놓거나, 팔에 끼우게 하며 함께 놀아주세요. 엄마가 "자아, 한 개, 들어가라!" 하고 말하며 던지는 동작을 보여주면 아이도 흉내를 내며 놀아요.

까꿍 놀이

: '까꿍 놀이'는 아이들이 무척 좋아하는 넘버원 놀이예요. 언제나 웃음소리가 끊이지 않는 행복한 시간이죠.

주방장갑 꼬꼬 가족

 세~

만드는 법 → 20쪽

주방장갑을 어미 닭으로 변신시킨 까꿍 놀이. 한 손으로 할 수 있어요. 주방장갑에 벨크로를 꿰맨 다음 펠트로 만든 병아리나 달걀을 붙입니다. "꼭꼭 숨어라, 머리카락 보일라!" 하고 네 손가락을 오므려 숨긴 다음 활짝 펼쳐 보이며 "앗, 여기 병아리가 있었네?" 하는 식으로 놀아주면 되지요.

코끼리 아저씨

1 세~

만드는 방법 → 20쪽

천냥백화점에서 파는 양손용 주방장갑으로 만들어요. 양손을 써서 다이내믹하게 노는 까꿍 놀이용 장난감입니다. 코끼리의 긴 코가 휘리릭 아래로 펼쳐지면 아이는 펄쩍펄쩍 뛰며 즐거워합니다. 이외에도 여러 동물의 얼굴을 궁리해서 만들어도 좋겠지요.

울고 웃는 표정이 한가득

: 네 장의 펠트에서 네 가지 표정이 나타나 말을 걸어오는 즐거운 헝겊 그림책.

1 세~

만드는 방법→22쪽

펠트 그림책의 웃는 얼굴을 보여주고 '생글생글'이라고 말하며 엄마도 생글생글 웃는 얼굴로 아이를 봅니다. 그림책의 표정과 엄마의 표정을 똑같이 맞춰가며 놀아요.

"자, 간식 시간이에요!" "와, 신난다!"

생글생글

씨근씨근

"멍멍, 덥석!" "앗, 멍멍이가 가져갔어!"

"이런 이런, 여기 또 있어요."

훌쩍 훌쩍

"맛있는 과자였는데……."

빙그레   "엄마가 또 과자를 주셨어요."

애벌레의 산책

: 애벌레가 쑥쑥 자라나는 헝겊 그림책.
 이야기를 만들어 아이와 함께 놀아요.

우적우적, 참 맛있네, 이 잎사귀.

냠냠, 참 맛있는 사과야.

3 세~

만드는 방법→22쪽

4장의 펠트를 이어 애벌레가 나비가 되기까지의 과정을 그림책으로 만들었어요. 4쪽에서 만든 애벌레를 다시 등장시킬 차례. 애벌레를 구멍으로 드나들게 하거나 머리끈 구멍 사이를 지나가게 하며 노는 사이에 손가락 끝을 사용하는 민첩성이 늘어요.

나, 번데기가 되었어.

이것 봐, 어른이 되어서 예쁜 나비로 탈바꿈했어!

이건 뭘까?

: 펠트를 사용한 즐거운 모양 맞추기 놀이입니다. 색이 화려하고 형태가 단순한 게 포인트!

동그란 풍선이다!

세모를 이었더니 물고기가 되었어!

3 세~

만드는 법→26쪽

조각을 끼우기 쉽도록 미리 끼울 부분을 잘라둡니다. 색이 다른 펠트를 뒤에 겹쳐 바탕으로 쓰세요.
어울리는 색을 고르는 연습도 될 거예요. 하나 하나는 단순하지만 조합하면 여러 가지 모양이 나온다는 발견은 즐거운 덤이 되겠지요.

세모랑 네모로 집이 만들어졌네!

이건 뭐지?

아, 자동차다!

무엇이 나올까?

: 안에 숨어 있는 건 무엇일까요?
  아이도 엄마도 두근두근!

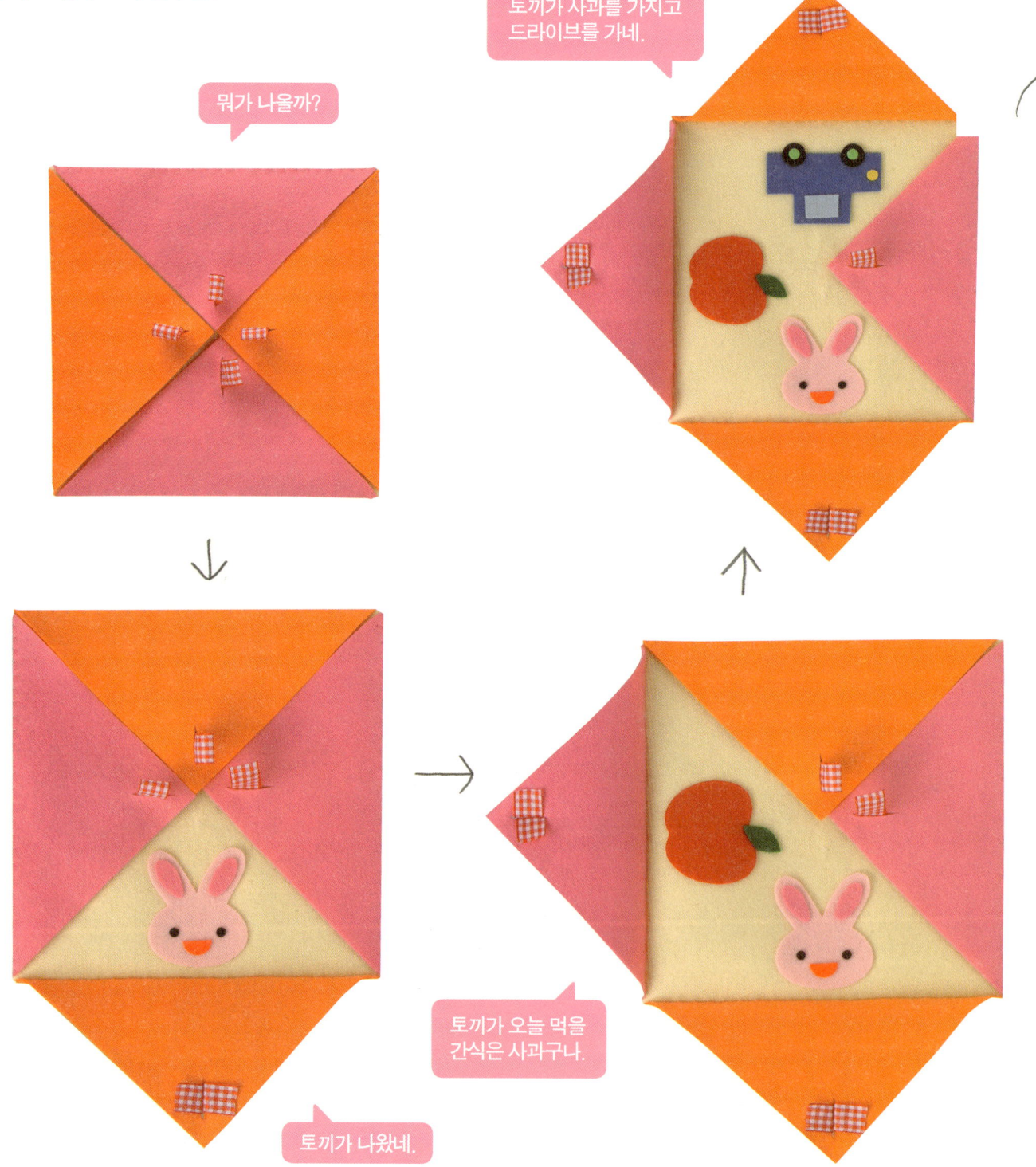

와, 예쁜 꽃밭이다!

2 세~

만드는 방법→26쪽

쉽게 펼칠 수 있도록 리본으로 손잡이를 만듭니다. 한 장을 열고, "아, 토끼다!" 하고 사물의 이름을 말해주세요. 익숙해지면 뭐가 나올지 맞추기 놀이를 해도 좋겠죠. 안에 숨어 있는 사물을 차례대로 등장시키며 이야기를 만들어보세요.

만져 봐요

서로 다른 소재를 만졌을 때 어떻게 촉감이 다른지 차이를 확인해보세요.
여러 가지 의태어를 사용하면 말놀이도 즐길 수 있고 어휘도 늘게 됩니다.

2세~

만드는 방법→28쪽

천에도 여러 가지 종류가 있죠. 손으로 만져보고 어떤 느낌이 드는지 말로 나타내보면 표현력도 자라납니다. 털실이나 비닐, 플라스틱 등 다른 소재도 만져보게 하세요.

인조 털(퍼)

보들보들

슈퍼의 비닐봉지

바스락바스락

털실

몽글몽글

미니타월

폭신폭신

헝겊 그림책, 헝겊 장난감을 만들기 위한 준비

귀여운 헝겊 그림책이나 헝겊 장난감을 만들기 위해서 필요한 재료와 기본 바느질법을 소개합니다.

주로 쓰이는 것들
(*표시가 있는 것은 천냥백화점에서 구할 수 있습니다. 다른 건 수예점, 문구점 등에서 구하세요.)

❶ 펠트*/ 기본 20㎝×20㎝. 다양한 색이 갖춰져 있습니다.
❷ 면끈*/ 두께 5㎜, 8㎜ 등 용도에 맞춰서 사용합니다. 아크릴 100%인 컬러 끈도 있습니다.
❸ 바이어스 테이프*/ 골판지의 테두리를 감을 때 등에 사용합니다.
❹ 벨크로(찍찍이)/ 붙였다 떼었다 하는 작품에 사용합니다. 원형도 있습니다.
❺ 파스너(지퍼)/ 짧은 게 사용하기 편합니다.
❻ 멜로디칩/ 4㎝×5㎝짜리를 주로 씁니다.
❼ 원형 펠트 스티커/ 눈을 만들 때 사용합니다. 자르는 수고를 덜어줍니다.
❾ 종*/ 작품에 따라 크기를 선택하면 됩니다.
❿ 움직이는 눈알/ 플라스틱 제품. 표정이 생깁니다.
⓫ 자석칠판*/ B5 사이즈가 사용하기편합니다.

⓫ 자석 시트*/ 가위로 어떤 모양이든 자를 수 있어 편리합니다.
⓬ 자석 버튼/ 인형을 세울때 등에 사용합니다.
⓭ 솜*/ 인형의 몸통을 만들 때 반드시 필요하죠.
⓮ 장갑/ 다양한 색을 사용해 즐겁게 작품을 만드세요.
⓯ 수건*/ 페이스 타월, 미니타월 등 작품에 따라 다양한 크기와 색을 고르세요.
⓰ 머리끈/ 헝겊 그림책에서 재미있는 궁리를 할 때 사용합니다.
⓱ 헤어밴드*/ 가운에 솜을 넣어 고리로 쓰거나 애벌레로 만들어요.
⓲ 양말/ 크기나 무늬에 변화를 주면 다양한 변주가 가능합니다.

● 이 외에 필요한 것
컬러고무줄*/ 헤어용이 더 튼튼합니다.
단추/ 눈이나 손잡이, 모양내기 등 다양한 용도로 쓰입니다.
눈알 단추*/ 둥근 눈동자용 단추입니다.
똑딱단추/ 헝겊 장난감의 일부분을 붙이거나 떼어낼 때 편리합니다.
수공예용 본드*/ 천끼리 붙일 때 사용합니다.
접착제*/ 서로 다른 소재끼리 붙일 때 사용합니다 (투명한 타입 권장).
송곳*/ 골판지에 구멍을 낼 때 사용합니다.
자수 실*/ 펠트를 시치거나 인형 얼굴을 만들 때 사용합니다.
바늘·실·가위/ 소재, 색, 용도에 맞춰 사용하는 수예용구의 필수품이죠.

기본 바느질법
이 책에서 펠트를 꿰맬 때 자주 사용하는 바느질법입니다. 기억해두세요.
※지정한 실 이외에는 펠트와 같은 색의 자수 실 한 줄로 꿰맵니다.
※바늘땀 간격은 작품의 크기에 맞게 조절하세요.

기본 러닝 스티치(홈질)

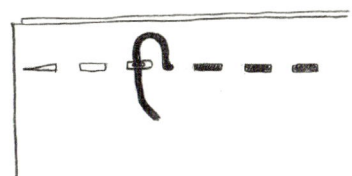

감침질

블랭킷 스티치(버튼홀 스티치)

짹짹 아기 새

작품 4쪽
도안 21쪽

재료(1개 분량)
장갑 [노랑] 1짝(다섯 마리를 만들 수 있어요), 펠트 [주황] 2㎝×2㎝, [노랑] 2㎝×2㎝, 컬러고무줄 1개, 솜 적당량, 눈알 단추 4㎜짜리 2개

※펠트는 특별히 표기하지 않는 한 각각 1장입니다(이하 동일).

1 장갑의 손가락 부분을 자른다.

2 솜을 넣고 꿰맨다.

3 펠트로 만든 다리를 본드로 붙이고 컬러고무줄을 끼워 머리를 만든다.

4 눈알 단추는 접착제로, 부리와 날개는 수공예용 본드(이하 본드로 표기)로 붙인다.

꿈틀꿈틀 애벌레

작품 4쪽

재료
헤어밴드 1개(2~3마리를 만들 수 있어요), 솜 적당량, 눈알 단추 8㎜짜리 2개

  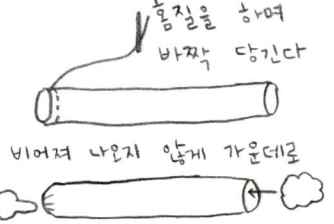 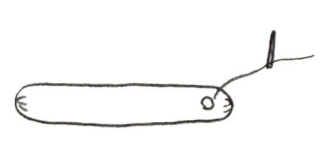

1 헤어밴드를 반으로 자른다.

2 한쪽의 구멍을 꿰매고 솜을 넣는다.

3 다른 한쪽도 꿰맨 후 눈알 단추를 꿰맨다.

다양한 애벌레

 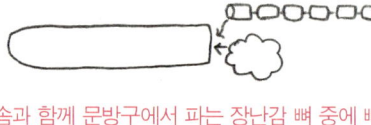

솜과 함께 문방구에서 파는 장난감 뼈 중에 뼈 부분만 몸통에 넣고 같은 방식으로 만든다.

빨간 실로 입을 꿰맨다

헤어용 컬러고무줄이 쉽게 끊어지지 않아 좋다

솜방울   움직이는 눈알

조금 길게 만들어서 몸통을 군데군데 고무줄로 묶는다.

이런 모양도 만들 수 있어요!

잼잼 아기

작품 5쪽
도안 21쪽

재료
아기 유아용 양말 1짝, 펠트 [살구] 5㎝×5㎝, [분홍] 약간, 솜 적당량, 눈알 단추 [검정] 6㎜짜리 2개, 멜로디칩 **쥐** 여성용 양말 1짝, 펠트 [회색] 4㎝×4㎝, 리본 폭 4㎜짜리 40㎝, 자수 실 [빨강] 30㎝, 면끈 [회색] 두께 5㎜짜리 20㎝, 솜 적당량, 눈알 단추 [검정] 8㎜짜리 2개, 멜로디칩 **토끼** 여성용 양말 1짝, 펠트 [연분홍] 5㎝×6㎝, [진분홍] 4㎝×4㎝, 리본 폭 4㎜짜리 40㎝, 자수 실 [빨강] 30㎝, 솜 적당량, 눈알 단추 [빨강] 8㎜짜리 2개, 멜로디칩

● 아기

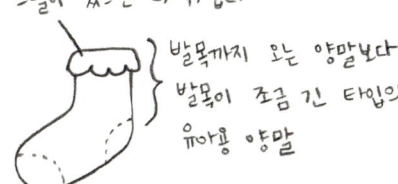
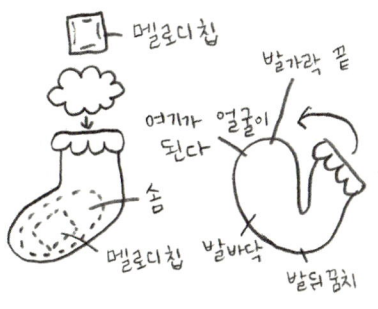
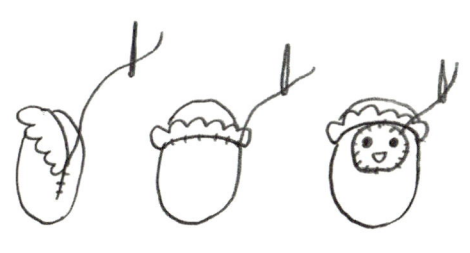

1 유아용 양말에 솜과 멜로디칩을 넣는다(발목 부분에는 넣지 않는다).

2 발목 입구 쪽을 잡아당겨 발가락 끝쪽에 씌운다.

3 벌어져 있는 부분을 꿰맨다.

4 얼굴 부분을 꿰맨다.

● 쥐

1 여성용 양말에 솜과 멜로디칩을 넣는다(발목 부분에는 넣지 않는다).

2 발목 입구 쪽을 잡아당겨 발가락 끝쪽에 씌운다.

3 벌어져 있는 부분을 꿰매고 목에 리본을 묶는다.

4 펠트로 만든 귀와 면끈으로 만든 꼬리를 꿰매서 붙인다. 눈알 단추를 달고, 자수 실로 코와 입을 만든다.

● 토끼

1 여성용 양말에 솜과 멜로디칩을 넣는다(발목 부분에는 넣지 않는다).

2 발목 입구 쪽을 잡아당겨 발가락 끝쪽에 씌운다.

3 벌어져 있는 부분을 꿰매고 목에 리본을 묶는다.

4 펠트로 만든 귀를 꿰매서 붙인다. 눈알 단추를 달고, 자수 실로 코와 입을 만든다.

말랑말랑 고리 던지기

작품 5쪽

재료(1개 분량)
헤어밴드 1개, 솜 적당량

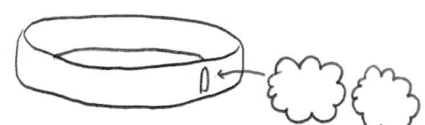
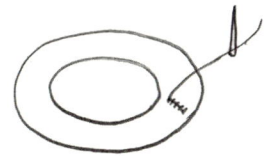

1 헤어밴드의 한 곳에 구멍을 내어 솜을 채운다.

2 균일하게 채운 다음 구멍을 냈던 부분을 꿰맨다.

주방장갑 꼬꼬 가족

작품 6쪽
도안 21쪽

재료
주방장갑 1짝, 펠트 [노랑] 20㎝×10㎝, [흰색] 10㎝×6㎝, [주황] 1㎝×3㎝, [빨강] 2㎝×5㎝, 원형 펠트 스티커 [검정] 5㎜짜리 6개, 7㎜짜리 2개, 벨크로 폭 2.5㎝짜리 8㎝, 원형 벨크로 4개

1 주방장갑에 벼슬, 눈, 부리를 본드로 붙인다.

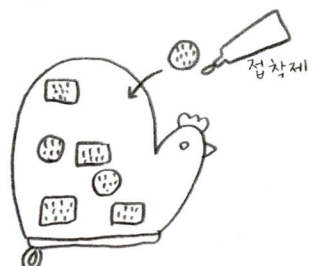

2 벨크로를 접착제로 장갑에 붙인다.

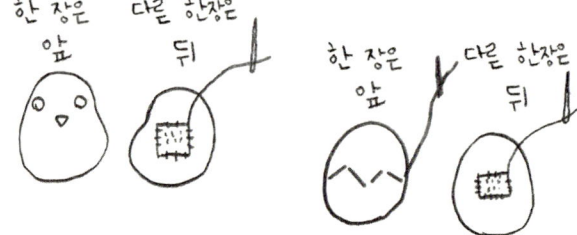

3 병아리 한 마리당 펠트를 두 장 자른다. 한 장에 얼굴을 만들고 다른 한 장에는 벨크로를 꿰맨 다음 본드로 마주 붙인다. 달걀도 같은 방법으로 만든다.

코끼리 아저씨

작품 7쪽
도안 21쪽

재료
양손용 주방장갑 1장, 펠트 [하늘] 30㎝×8.5㎝, [분홍] 10㎝×20㎝, [흰색] 8㎝×8㎝, 움직이는 눈알 지름 3㎝짜리 2개, 면끈 [하늘] 두께 5㎜짜리 40㎝

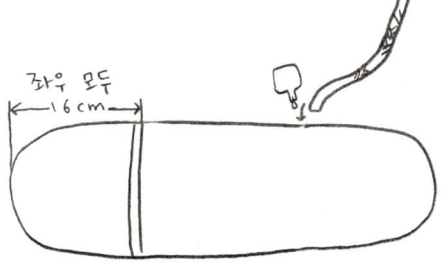

1 양손용 주방장갑의 손을 넣는 주머니 부분을 코끼리 귀로 보고, 앞쪽(주머니가 없는 쪽)에 면끈을 본드로 붙인다.

2 움직이는 눈알, 귀, 코, 상아 등을 붙인다. 움직이는 눈은 접착제, 펠트는 본드로 붙인다.

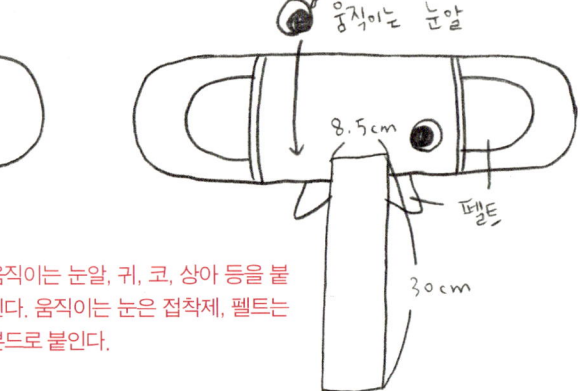

울고 웃는 표정이 한가득

작품 8쪽
도안 23쪽

재료
펠트 **바탕** [연두, 빨강, 하늘, 주황] 20㎝×20㎝ 각 1장
표정 [살구] 20㎝×20㎝ 4장, [검정] 12㎝×8㎝, [빨강] 20㎝×10㎝, [하늘] 2㎝×3㎝

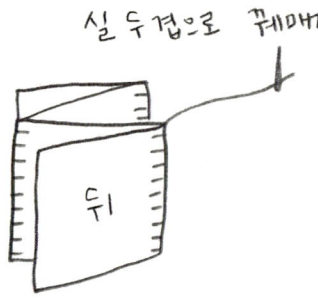

1 펠트로 얼굴의 각 부분을 잘라 본드로 붙인다.

2 네 종류의 얼굴을 각각 바탕 펠트에 본드로 붙인다.

3 네 장의 펠트를 아코디언 형태가 되도록 블랭킷 스티치로 꿰맨다.

애벌레의 산책

작품 10쪽
도안 24, 25쪽

재료
애벌레 헤어밴드 반쪽, 솜 적당량, 눈알 단추 8㎜ 2개, 펠트 **바탕** [상아, 연분홍, 연두, 하늘] 20㎝×20㎝ 각 1장 **배경** [연두, 빨강, 노랑] 20㎝×20㎝ 각 1장, [진분홍] 6㎝×6㎝, [초록] 20㎝×5㎝, [갈색] 15㎝×4㎝, [흰색] 2㎝×4㎝, 머리끈 3개

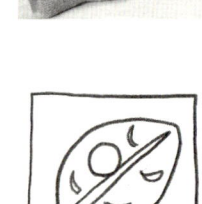

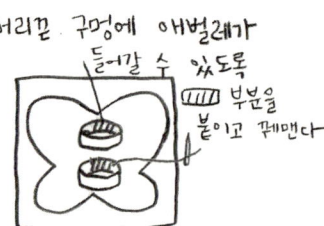
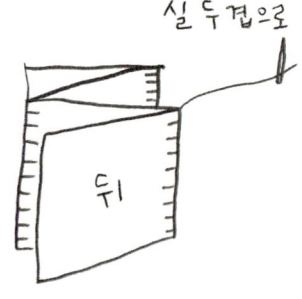

1 잎과 사과를 잘라 바탕이 되는 펠트에 본드로 붙인다. 지름 3㎝ 정도의 구멍을 만든다.

2 가지, 나비를 잘라 바탕 펠트에 본드로 붙인다. 머리끈을 접착제로 붙인다. 실로 꿰매 보강하면 튼튼해진다.

3 4장의 펠트를 아코디언처럼 블랭킷 스티치로 꿰맨다.

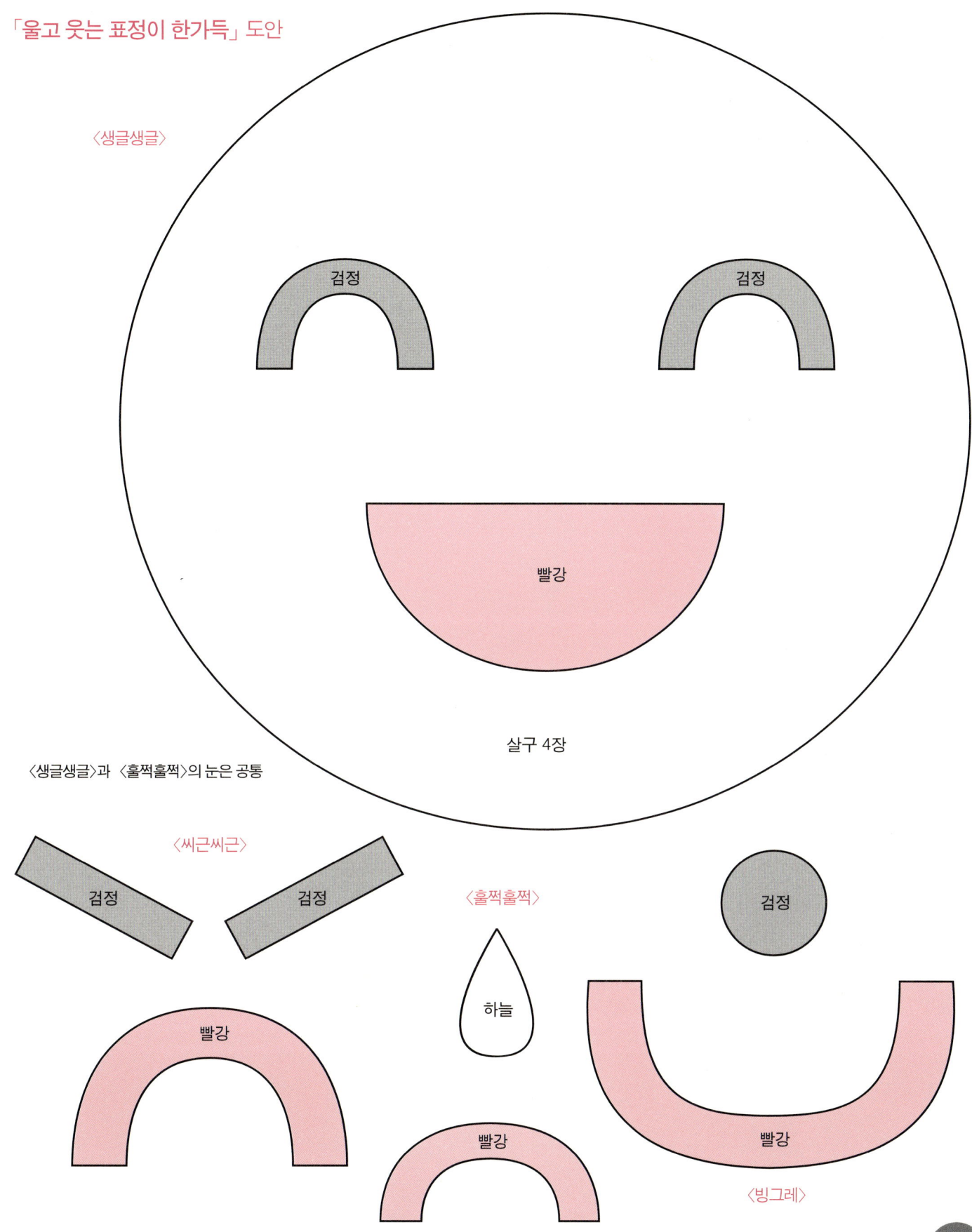

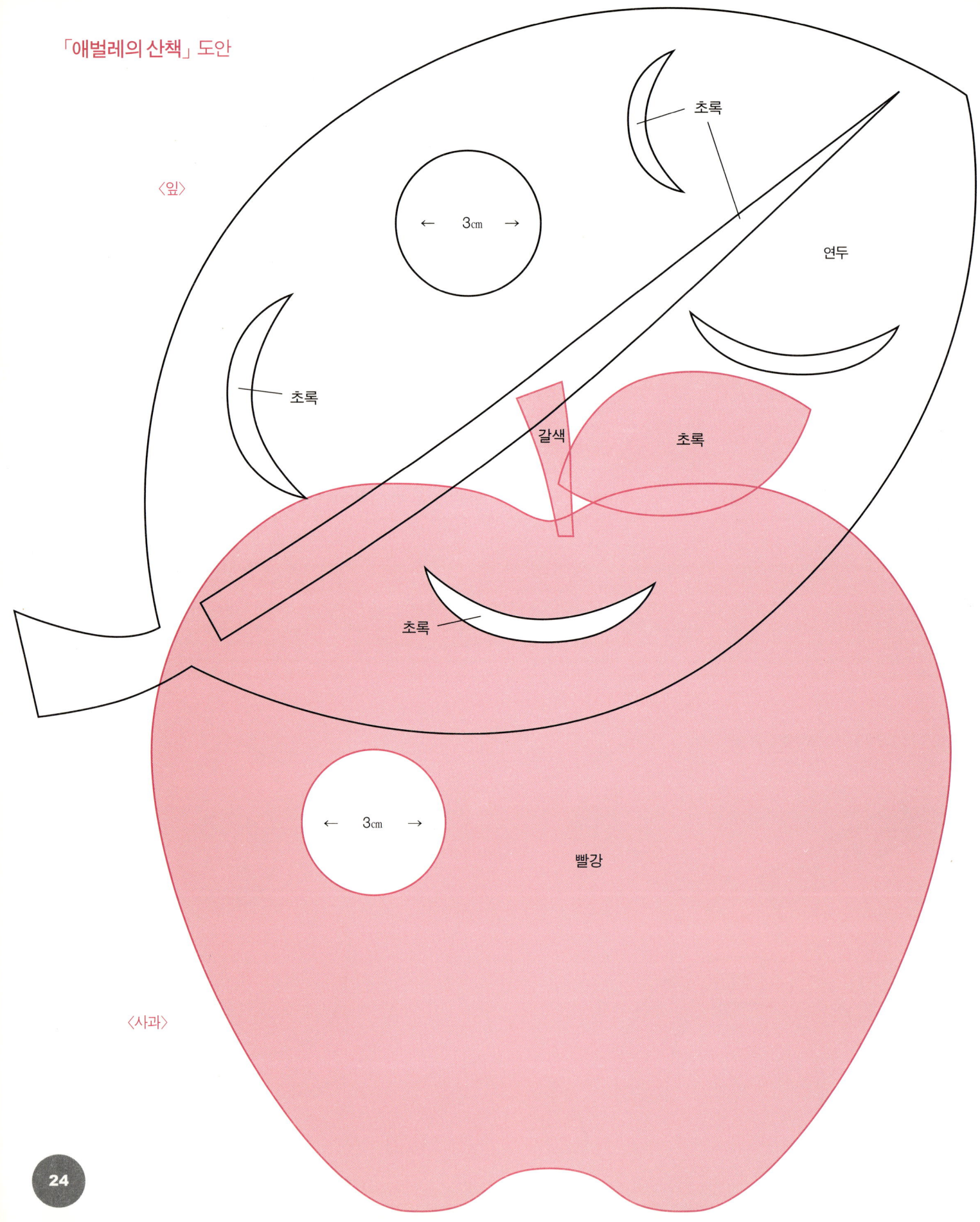

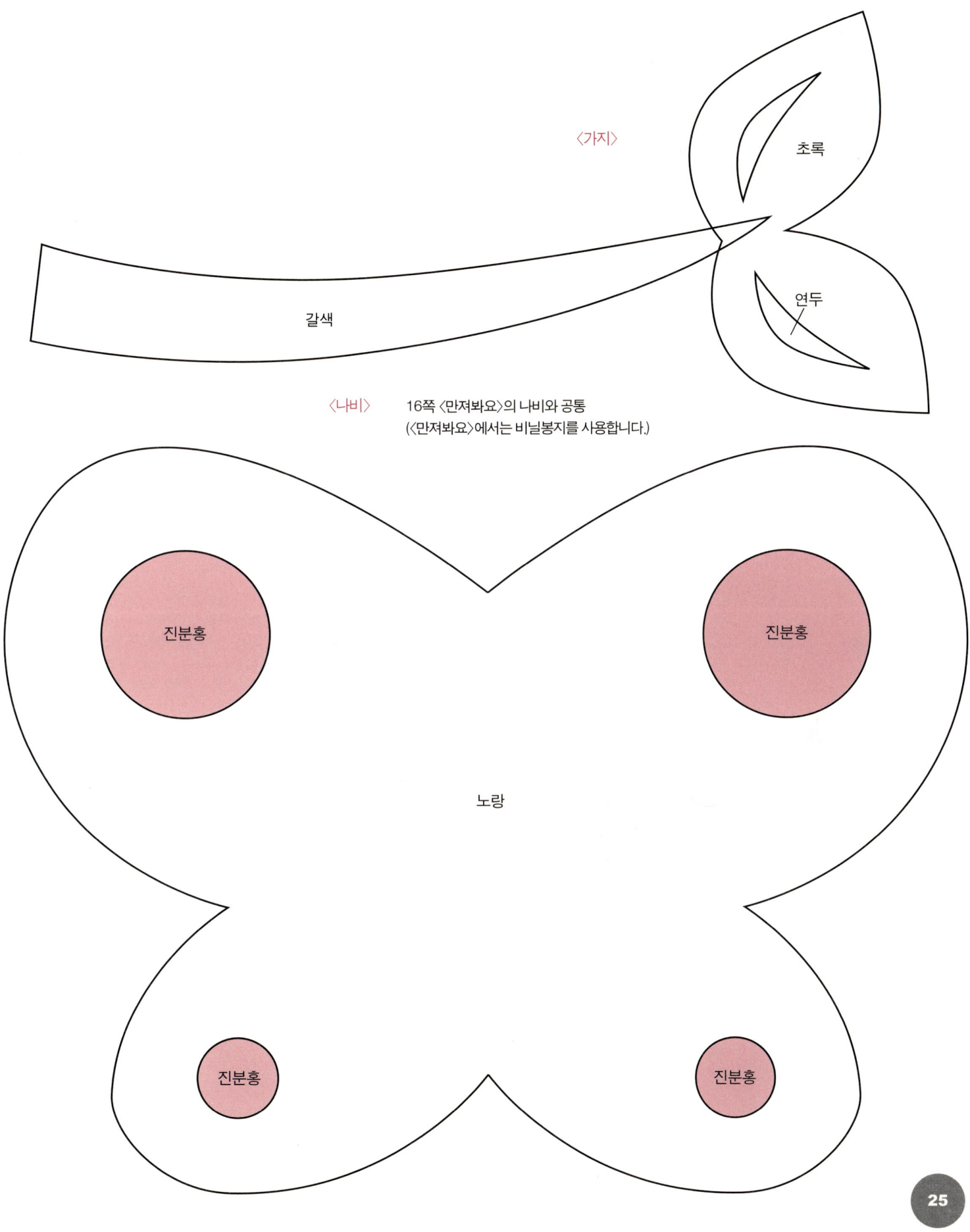

이건 뭘까?

작품 12쪽
도안 27쪽

재료
펠트 바탕 [빨강, 파랑, 노랑, 하늘, 진분홍, 연분홍, 주황, 연두] 20㎝×20㎝ 각 1장, 맞추기용 조각 [빨강, 하늘, 노랑, 진분홍, 연분홍, 주황, 연두, 보라, 페퍼민트 그린, 흰색] 약간, 풍선 매듭용 끈 20㎝

풍선의 끈은 리리안으로 매듭

  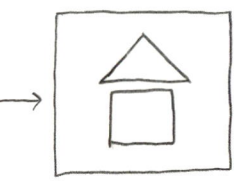 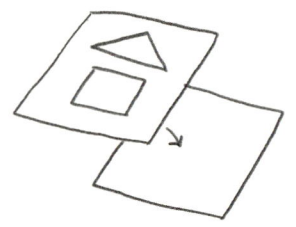

1 집의 도안을 셀로판테이프로 펠트에 붙인다(이 도안은 잘리기 때문에 필요 없는 종이 등에 베낀 것을 사용한다).

2 가위로 구멍을 내어 도안대로 자른다.

3 색이 다른 바탕용 펠트를 본드로 붙인다. 풍선, 물고기, 자동차도 마찬가지로 만든다.

4 맞추기용 조각을 도안대로 자른다.

무엇이 나올까?

작품 14쪽
도안 27쪽

재료
펠트 바탕 [상아, 주황, 진분홍] 20㎝×20㎝ 각 1장, 사과 [빨강] 6㎝×6㎝, 자동차 [파랑] 8㎝×5㎝, 토끼 [연분홍] 6㎝×7㎝, 꽃 [흰색] 8㎝×8㎝, 기타 [검정, 진분홍, 초록, 노랑, 하늘] 약간, 리본 폭 1㎝짜리 20㎝

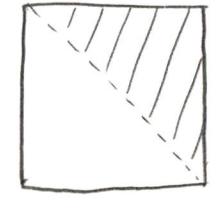

1 진분홍색, 주황색 펠트를 삼각형으로 반을 자른다. 또 한 번 삼각형으로 자른다. 각각 두 장씩 생긴다.

2 바탕의 상아색 펠트에 1을 번갈아 가며 겹쳐 놓고, 테두리를 블랭킷 스티치로 돌려가며 꿰맨다.

3 토끼, 꽃, 사과, 자동차 각각을 분홍색과 주황색 문 각 안쪽에 숨기듯 본드로 붙인다.

4 4개의 문에 구멍을 내어 4등분한 리본을 끼워 본드로 붙인다.

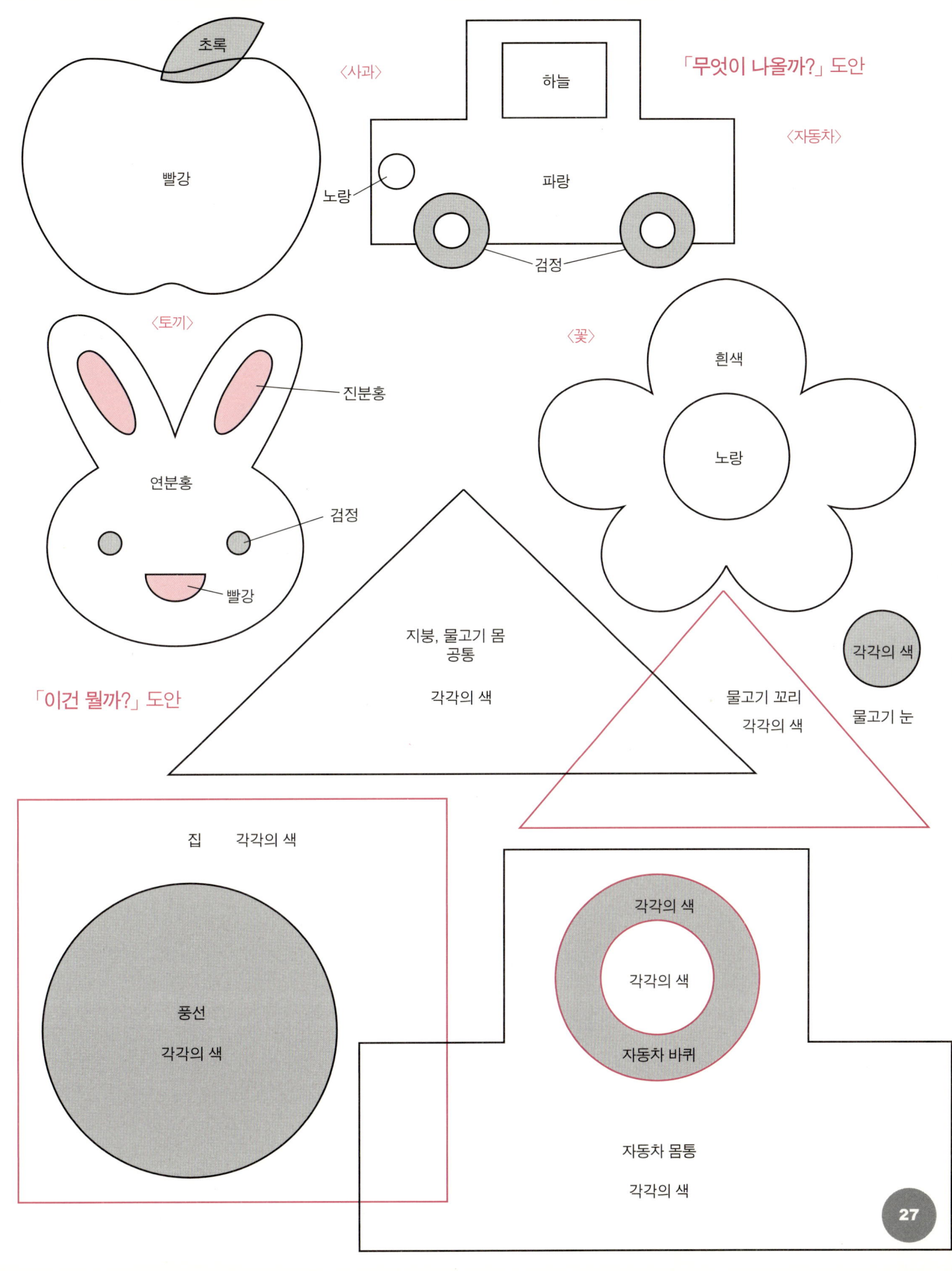

만져 봐요

작품 16쪽
도안 28, 29쪽

재료
펠트 바탕 [연두, 연분홍, 노랑, 파랑] 20㎝×20㎝ 각 1장 강아지 [흰색] 13㎝×15㎝ 나비 [노랑] 12㎝×4㎝, [주황] 5㎝×4㎝ 얼굴 [살구] 20㎝×20㎝, [분홍] 4㎝×4㎝, [검정] 3㎝×4㎝, 인조 털(퍼) 7㎝×8㎝, 비닐봉지 1장, 털실 1m, 미니타월 20㎝×20㎝ 1장, 레이스 18㎝

각각의 부분을 만들어서 바탕 펠트에 붙입니다.

  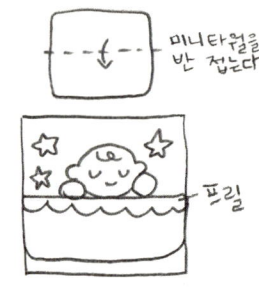

● **강아지**
몸은 펠트, 귀와 꼬리는 인조 퍼를 잘라 접착제로 붙인다.

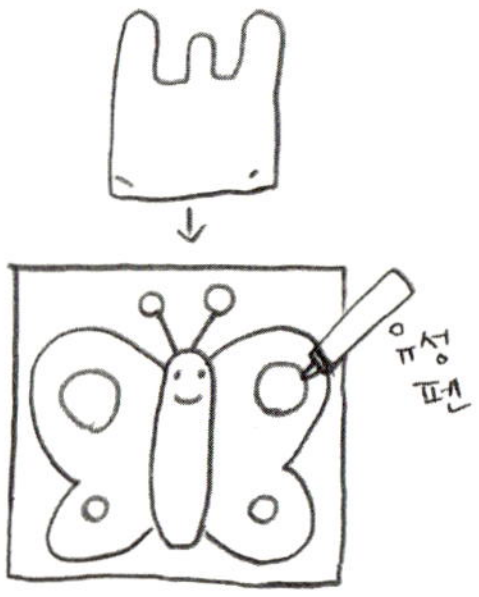

● **나비**
몸통은 펠트, 날개는 슈퍼에서 받은 비닐봉지를 잘라 접착제로 붙인다. 유성펜으로 모양을 그린다.

● **아이**
얼굴은 펠트, 머리카락은 털실을 엮어 만들어 접착제로 붙인다.

● **이불**
얼굴과 손은 펠트로, 이불은 미니타월로 만들어 접착제로 붙인다.

「만져봐요」 도안

검정

인조 퍼 검정

인조 퍼 검정

흰색

〈강아지〉

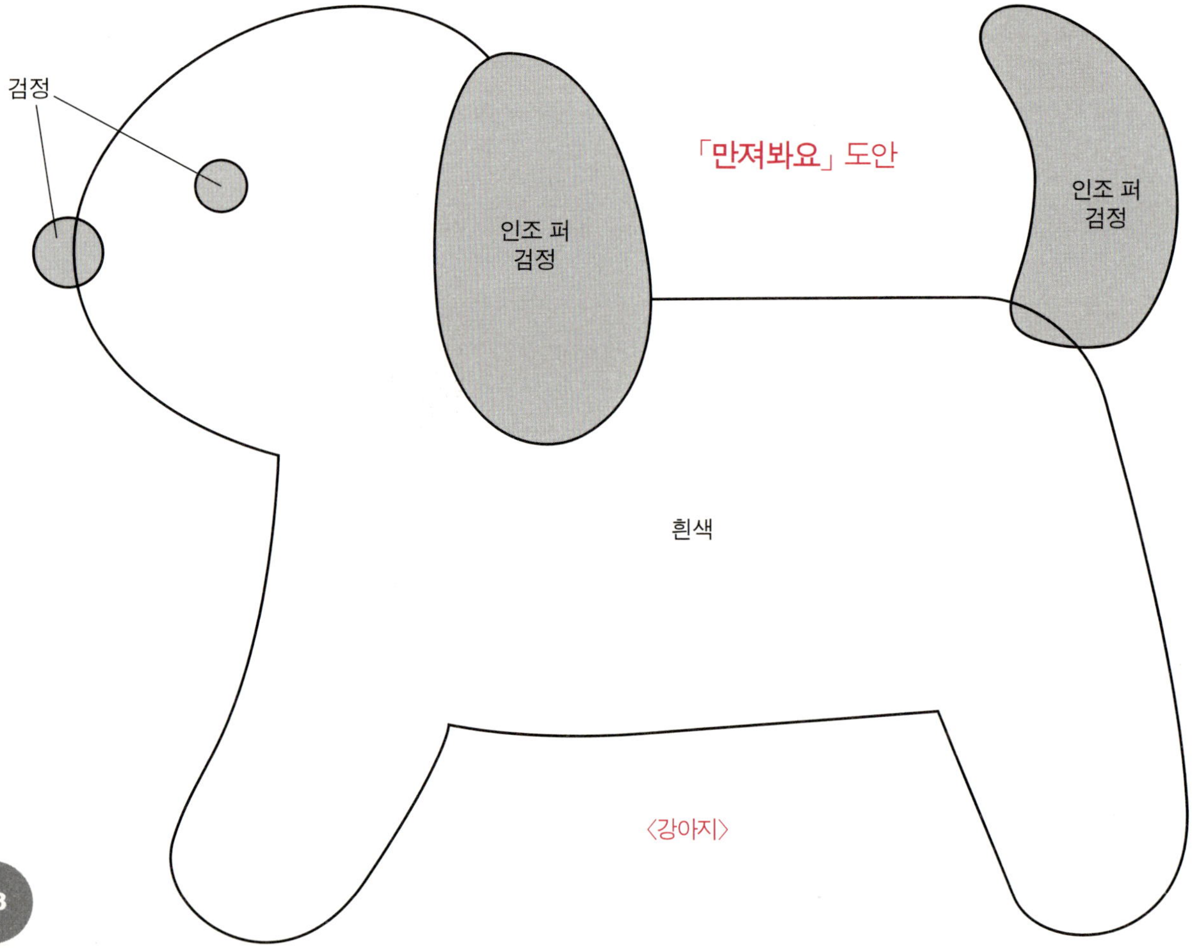

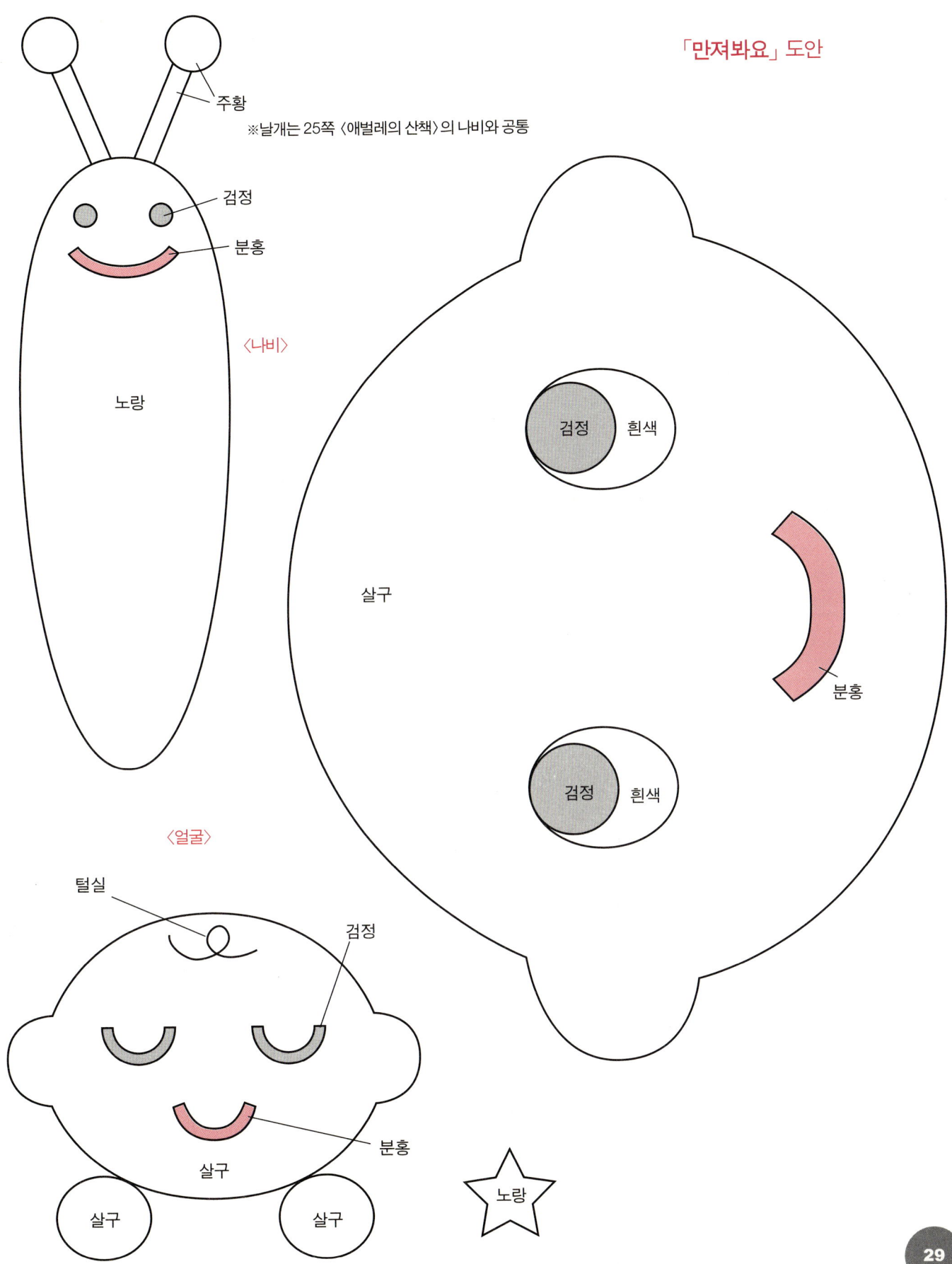

종종걸음 인형

작품 33쪽
도안 30쪽

재료(1개 분량)

미니타월(얇은 것) 38㎝×30㎝(대략의 사이즈) 1장, 눈알 단추 8㎜짜리 2개, 리본 폭 8㎜짜리 40㎝, 컬러고무줄 3개, 솜 한 줌/ 펠트 오리 [노랑] 3㎝×2㎝ 펭귄 [흰색] 5㎝×4㎝, [진하늘] 7㎝×6㎝ 병아리 [노랑] 3㎝×2㎝ 강아지 [빨강] 4㎝×6㎝, [검정] 1㎝×1㎝ 코끼리 [하늘] 8㎝×4㎝

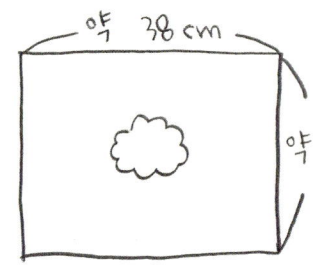

1 미니타월 한가운데에 한 줌 정도의 솜을 얹는다.

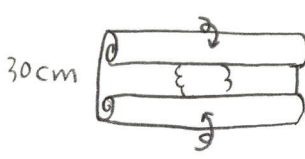

2 양쪽 끝에서 가운데를 향해 둥글게 만다.

3 한가운데를 접는다.

4 위쪽에 고무줄을 끼워 머리를 만든다. 타월의 양 끝을 접어 각각 고무줄을 끼운다. 이곳이 손가락을 넣는 주머니가 된다.

5 눈알 단추, 부리를 꿰맨다. 목에 리본을 묶는다. 종을 달아도 좋다.

「종종걸음 인형」 도안

〈병아리〉 〈오리〉

부리
노랑
병아리, 오리 공통

〈강아지〉

빨강

강아지 코
검정

강아지 귀
2장

〈코끼리〉

코끼리 귀
2장
하늘

코끼리 코
하늘

〈펭귄〉

펭귄 얼굴
흰색
노랑

펭귄 날개
진하늘
2장

어미랑 새끼랑

작품 33쪽
도안 31쪽

재료

새끼 한 마리 분량 미니타월 20㎝×20㎝(대략의 사이즈) 1장, 눈알 단추 6㎜짜리 2개, 컬러고무줄 1개/ 펠트 **분홍 오리** [진분홍] 4㎝×6㎝, [주황] 3㎝×6㎝ **노랑 오리** [노랑] 4㎝×6㎝, [주황] 3㎝×6㎝ **코끼리** [하늘] 12㎝×6㎝ ※눈은 원형 펠트 스티커를 사용해도 됩니다.

어미 한 마리 분량 페이스 타월 70㎝×32㎝(대략의 사이즈) 1장, 원형 펠트 스티커 대 사이즈 2개, 컬러고무줄 1개/ 펠트 **분홍 오리** [진분홍] 8㎝×12㎝, [노랑] 6㎝×12㎝ **노랑 오리** [노랑] 8㎝×12㎝, [주황] 6㎝×12㎝ **코끼리** [하늘] 20㎝×20㎝

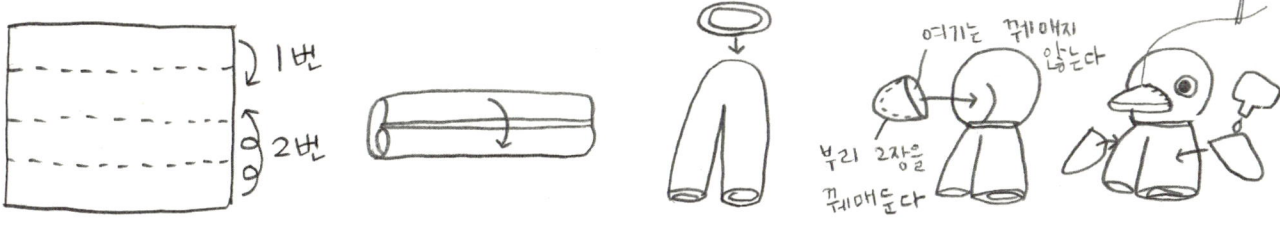

1 타월을 그림처럼 양쪽에서 접는다.

2 한 번 더 접는다.

3 한가운데를 접어, 고무줄을 끼운다.

4 부리를 꿰매고, 눈, 날개를 본드로 붙인다.

「어미랑 새끼랑」 도안　　※어미 도안은 새끼 도안을 200% 확대복사해서 사용해주세요.

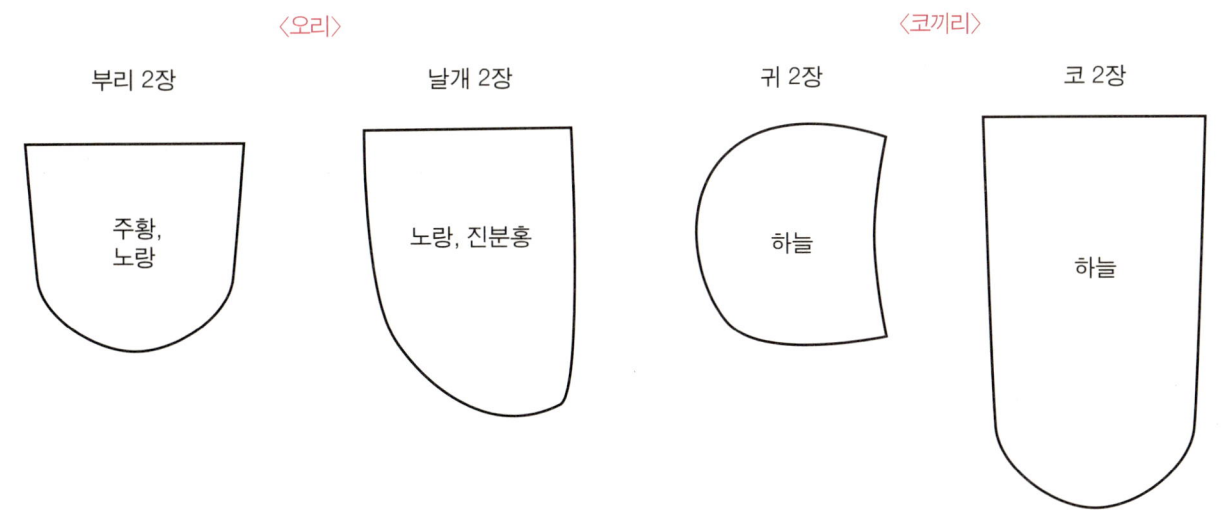

〈오리〉

부리 2장 — 주황, 노랑

날개 2장 — 노랑, 진분홍

〈코끼리〉

귀 2장 — 하늘

코 2장 — 하늘

숨바꼭질을 해요

작품 34쪽
도안 32쪽

재료
집 미니타월 [체크무늬] 34㎝×34㎝(대략의 사이즈) 1장, 펠트 [빨강, 진하늘, 연분홍, 하늘] 약간, 리본 폭 1㎝짜리 15㎝
곰 펠트 [보라] 12㎝×20㎝, [흰색] 3㎝×3㎝, [갈색] 1㎝×1㎝, 원형 펠트 스티커 5㎜짜리 2개

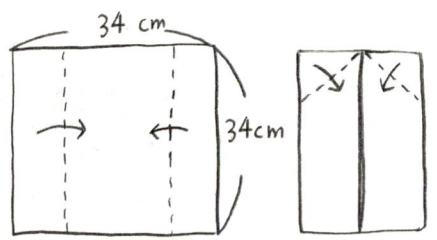

1 미니타월을 가운데를 향해 양쪽에서 접은 뒤, 위의 양끝을 세모 모양으로 접는다.

2 접어서 겹쳐진 부분을 감침질한다.

3 뒤쪽으로 반을 접고, 화살표 부분을 촘촘히 꿰맨다. 주머니가 될 부분은 꿰매지 않는다. 뒤쪽의 한가운데 뚫려 있는 공간을 꿰맨다.

「숨바꼭질을 해요」 도안

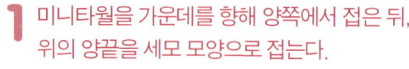

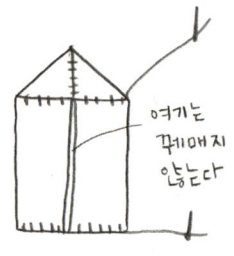

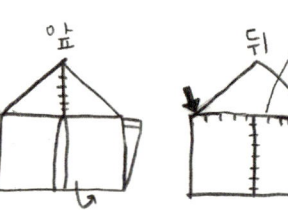

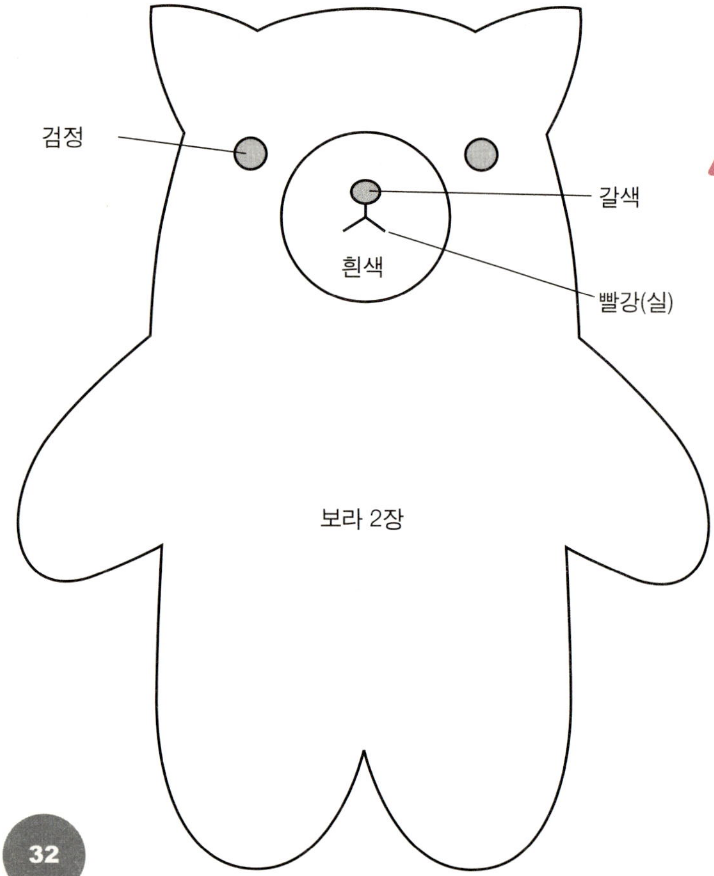

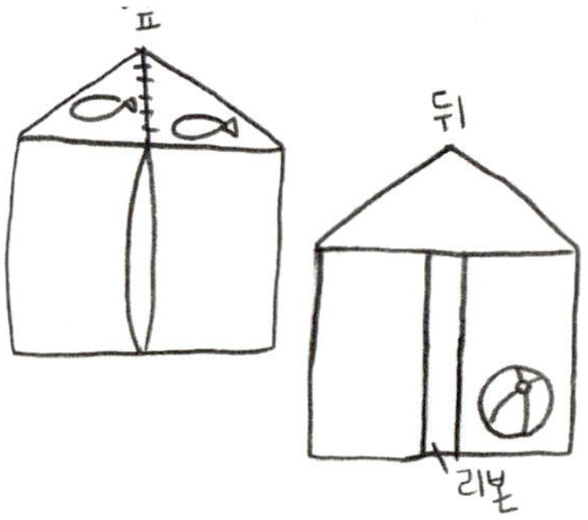

4 앞쪽과 뒤쪽에 펠트 장식을 본드로 붙인다.

5 곰은 솜을 넣고 테두리를 블랭킷 스티치로 꿰맨다. 입 부분을 만들어 눈과 입을 본드로 붙인다.

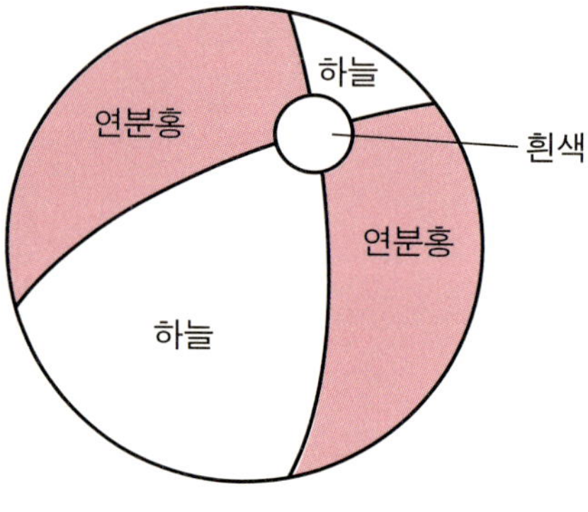

〈곰〉

검정
갈색
흰색
빨강(실)
보라 2장

진하늘, 빨강

하늘
연분홍
흰색
연분홍
하늘

Part 2 우리 아이 사고력을 키워주는 헝겊 장난감 놀이

수건으로 만드는 친구들

: 한 장의 미니타월로 이렇게 귀여운 동물을 간단하게 만들 수 있어요.

종종걸음 인형

1 세~

만드는 방법→30쪽

미니타월과 고무줄 3개만 있으면 순식간에 완성. 외출할 때 차 안에서 아이가 지루해하지 않도록 "과연 뭐가 될까?" 하고 아이에게 만드는 방법을 보여주면서 이야기를 나누세요. 손가락을 넣어 아장아장 걷는 모습을 보여주면 매우 좋아합니다.

어미랑 새끼랑

1 세~

만드는 방법→31쪽

만드는 법은 같지만, 타월의 크기를 달리 하면 어미와 새끼를 만들 수 있어요. 작은 건 손가락 인형으로 쓸 수 있기 때문에 동작과 함께 노래를 불러주거나 말을 걸면 좋겠지요.

숨바꼭질을 해요

: 숨바꼭질 놀이는 언제나 가슴이 두근두근. 어디에 숨어 있을까? 뭐가 나올까?

1 세~

만드는 방법→32쪽

미니타월을 접어 만든 집에서 펠트로 만든 곰이 숨바꼭질을 해요. 곰이 얼굴을 내미는 곳이 여러 군데여서 '꼭꼭 숨어라, 머리카락 보일라!' 놀이를 변화무쌍하게 즐길 수 있습니다.

미니타월 집(앞)

미니타월 집(뒤)

어? 누가 숨어 있네?

찾았다! 곰이었구나!

이번엔 이쪽에서…

까꿍!

숨바꼭질 하자!
꼭꼭 숨어라~

여기 있었네!

우리는 숲 속의 사이좋은 친구들!

누가 살고 있을까?

: 타월로 만든 숲의 아파트에 어떤 동물이 살고 있을까요?

오순도순 살고 있어요!

2 세~

만드는 방법→50쪽

긴 타월을 접어서 6개의 주머니를 만들면 동물 친구들의 집이 됩니다. 동물 친구들의 앞쪽은 깨어 있는 얼굴, 뒤쪽은 자고 있는 얼굴로 만들면 이야기를 만들기가 좋아요. 동물 울음소리 흉내 내기 놀이도 할 수 있어요.

유령의 집

: 유령은 무섭지만, 아이들은 유령을 엄청 좋아해요.
귀여운 유령 친구들의 숨바꼭질 그림책입니다.

우리는 씩씩한 유령 형제들이라네!

어디에 숨어 있는지 맞혀보렴~

2 세~

만드는 방법 → 52쪽

타월로 만든 집에 펠트로 문을 쓱쓱 꿰매 달아, 유령들을 숨깁니다. 문을 들추면 과연 어떤 유령이 나올까? 단순하지만, 아이들의 가슴을 콩닥콩닥 뛰게 만드는 한 장짜리 헝겊 그림책입니다.

> 에궁, 들켜버렸네!

> 문을 빼꼼~

토순이의 하루

: 귀여운 토끼 토순이, 타월 집에서 무얼 하고 있을까?

오늘 점심은 오므라이스네. 잘 먹겠습니다!

목욕을 하면 온몸이 깨끗해져요.

졸리니까 이제 잘래요. 안녕히 주무세요.

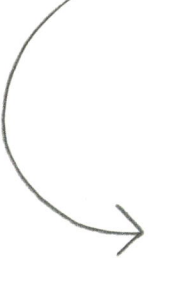

3 세~
만드는 방법→54쪽

아이가 펠트로 만든 토끼를 자신이라고 생각하며 놀 수 있는 생활 그림책입니다. "잘 먹겠습니다" "잘 먹었습니다" "안녕히 주무세요" 등 인사말을 익히는 데도 좋은 기회가 된답니다. "무얼 하고 있을까?" 하고 아이에게 말을 걸어주는 게 놀이의 기본이죠.

> 바다는 넓어, 바다는 굉장해.

바다 속에는 뭐가 있을까?

: 물고기가 헤엄치는 바다 속을 들여다봅시다.
 붙였다 떼었다, 재미있겠죠?

2세~

만드는 방법→56쪽

헝겊을 붙인 보드에 벨크로를 몰로 고정하여 거품처럼 보이도록 만듭니다. 바다 속 친구들을 펠트로 만들어 붙였다 떼었다 노는 놀이예요. 손가락을 민첩하게 사용할 수 있게 됩니다.

> 물고기가 세 마리!

> 문어랑 게, 가리비랑 상어도 놀러 왔어!

바다 속에서는 모두들 좋은 친구!

43

숲 속의 집

: 동물 친구들이 많이 살고 있는 즐거운 숲 속의 집.
 카드를 바꾸면 크리스마스트리도 됩니다.

3세~

만드는 방법→58쪽

헝겊을 붙인 보드에 단추를 달아, 동물 카드를 달았다 떼었다 할 수 있게 만듭니다.
뒤집으면 자고 있는 동물이 나타나지요. 모두 재워놓고 "코 자는 나무다" "누가 제일 먼저 일어날까?" 등의 이야기를 나눠도 좋을 거예요.

이런 카드를 만들어도 재밌어요.

선물 상자를 뒤집으면…

달콤한 사탕이 들어 있어!

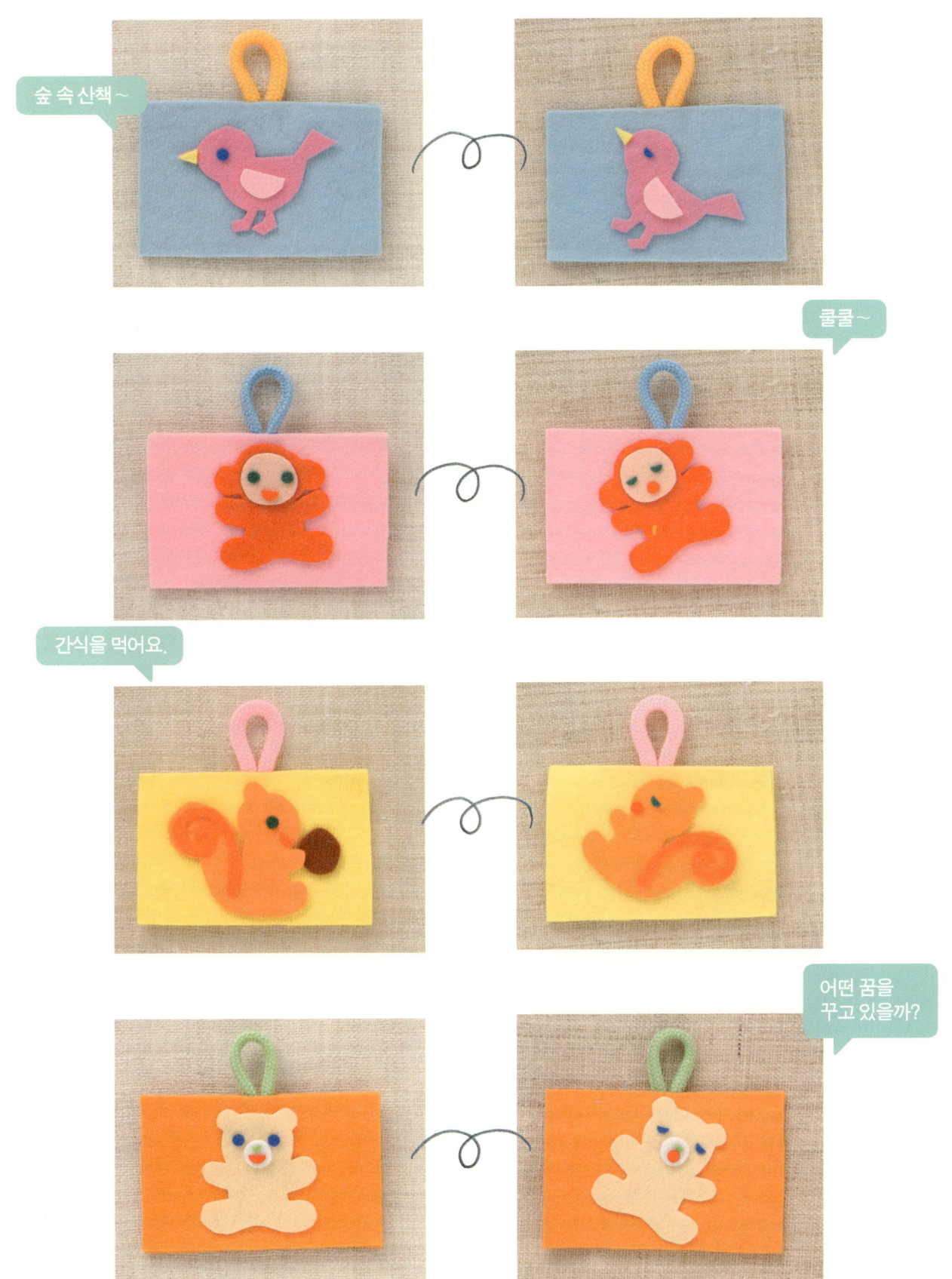

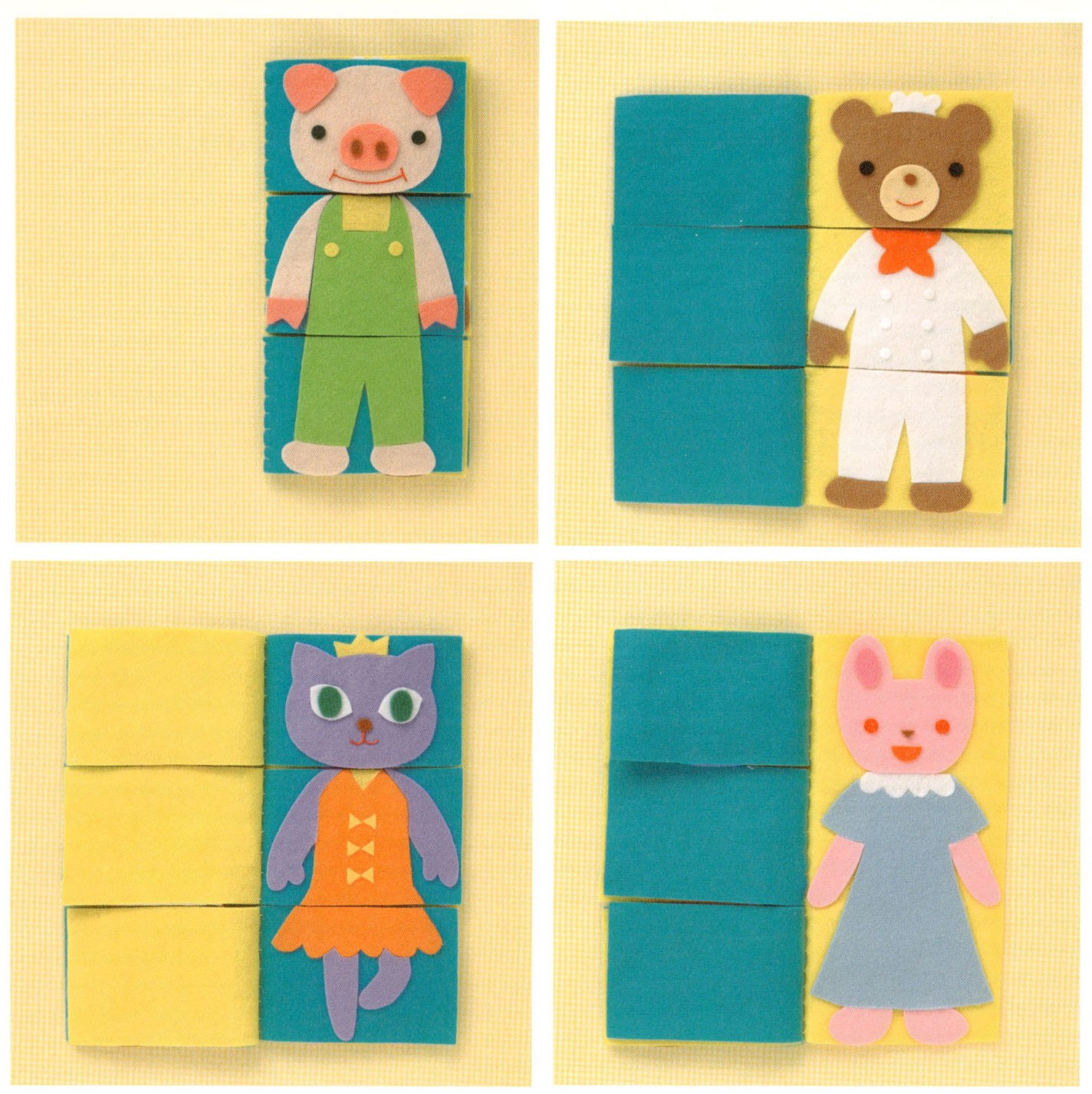

옷 갈아입히기 책

: 돼지, 곰, 고양이, 토끼가 자꾸자꾸 옷을 갈아입어요! 재미있는 변신 그림책입니다.

2세~
만드는 방법→60쪽

얼굴, 몸, 다리로 세 토막을 냅니다. 각각을 넘기면 동물들이 여러 가지 다양한 옷으로 갈아입는 '옷 갈아입히기 책'은 조합의 재미를 안겨줍니다. 치마가 바지로 바뀌는 것만으로도, 보세요, 느낌이 많이 달라지지요.

아기 돼지야, 치마 입고 어디 가니?

고양이 공주님, 긴 드레스는 맘에 드시나요?

곰 요리사님, 오늘은 바지 색이 다르네요.

토끼 아가씨, 조끼가 멋져요.

소리를 내봐요

아이들은 소리가 나는 장난감을 무척 좋아해요.
헝겊 장난감에 멜로디칩을 넣으면 상상의 세계가 더 크게 펼쳐지겠죠.

돼지 꿀꿀

부릉부릉 운전놀이

2세~

만드는 법→49쪽

돼지의 코나 자동차 핸들의 경적을 울리는 부분에 멜로디칩을 넣어 손가락으로 누르면 소리가 나도록 합니다. "돼지야" "꿀꿀(네~)", "빵빵, 자동차 지나갑니다~" 등 함께 이야기를 나누며 놀아주는 게 포인트.

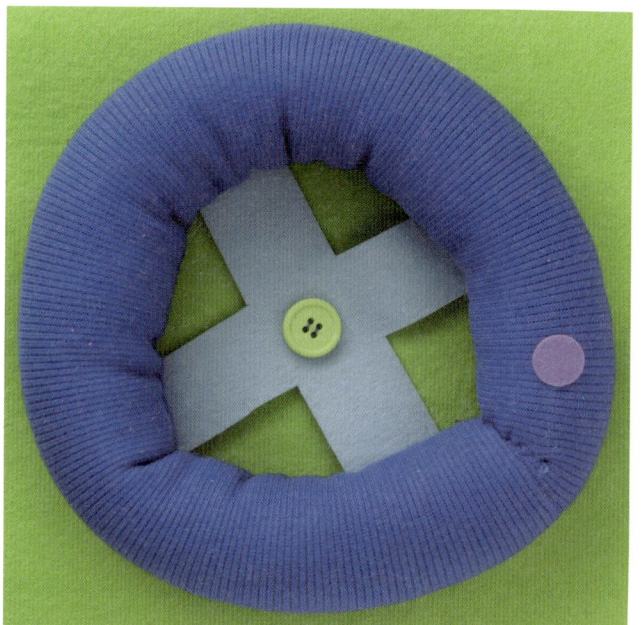

돼지 꿀꿀

작품 48쪽
도안 49쪽

재료
펠트 [상아] 20㎝×20㎝, [살구] 16㎝×14㎝, [분홍] 17㎝×8㎝, [연분홍] 2㎝×3㎝, [파랑] 2㎝×2㎝, 솜 적당량, 멜로디칩 1개

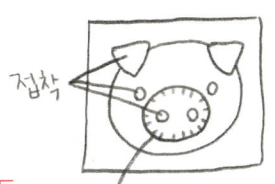

1. 도안을 따라 펠트를 잘라 얼굴을 만든다. 눈, 귀는 본드로 붙인다.
2. 코 속에 솜과 멜로디칩을 넣고 감침질한다.

「돼지 꿀꿀」 도안

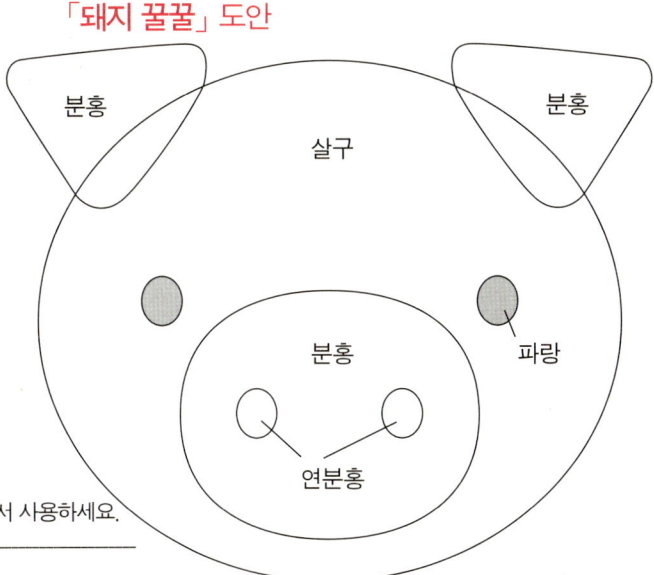

분홍 / 분홍 / 살구 / 분홍 / 파랑 / 연분홍

※200% 확대복사해서 사용하세요.

부릉부릉 운전놀이

작품 48쪽
도안 49쪽

재료
골판지 20㎝×20㎝, 펠트 [연두] 20㎝×20㎝, [하늘] 14㎝×14㎝, [보라] 1.5㎝×1.5㎝, 헤어밴드 1개, 단추 지름 1.8㎝짜리 1개, 솜 적당량, 멜로디칩 1개

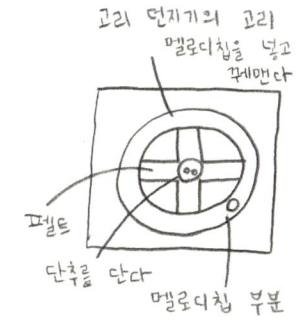

1. 핸들은 20쪽의 고리 던지기와 똑같이 만든다. 어느 한 곳에 멜로디칩을 넣고 쉽게 알아볼 수 있도록 펠트를 본드로 붙인다.
2. 바탕 펠트에 십자가 모양의 펠트를 본드로 붙이고, 한가운데에 버튼을 꿰맨다. 그 위에 핸들을 놓고 실로 꿰맨다.
3. 2를 골판지에 접착제로 붙인다.

「부릉부릉 운전놀이」 도안

※200% 확대복사해서 사용하세요.

하늘 / 보라

「옷 갈아입히기 책」 도안 (만드는 법은 60쪽)

〈토끼〉

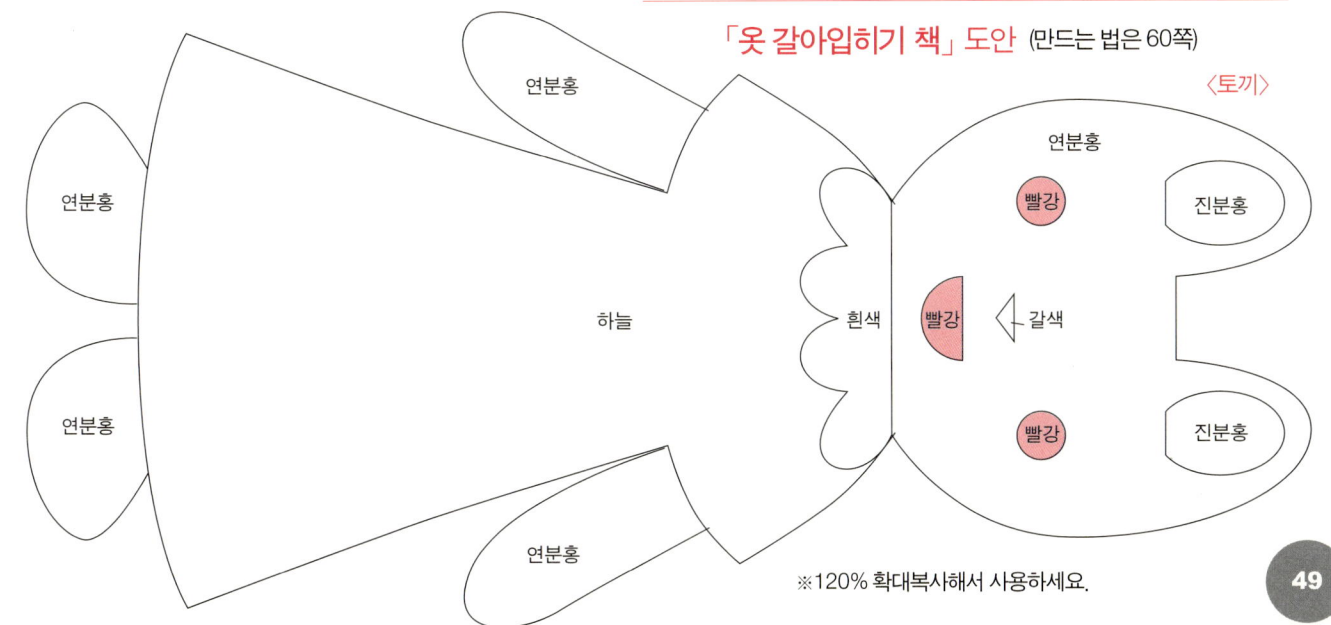

연분홍 / 연분홍 / 연분홍 / 하늘 / 흰색 / 빨강 / 진분홍 / 빨강 / 갈색 / 빨강 / 진분홍 / 연분홍

※120% 확대복사해서 사용하세요.

누가 살고 있을까?

작품 36쪽
도안 50, 51쪽

재료
페이스 타월 [분홍] 86㎝×35㎝(대략의 사이즈) 1장, 펠트 원숭이 [주황] 개 [노랑] 토끼 [진분홍] 곰 [갈색] 고양이 [보라] 개구리 [연두] 20㎝×20㎝ 각 1장 숲 [연두] 10㎝×10㎝ 기타 [살구, 상아, 흰색, 검정, 빨강, 갈색, 초록, 파랑, 진분홍, 연분홍] 약간, 리본 폭 1㎝짜리 50㎝

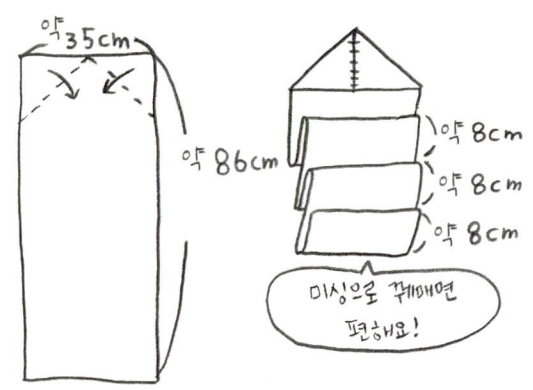

1 타월을 그림처럼 접어 시침핀으로 고정한 다음 양끝을 꿰맨다.

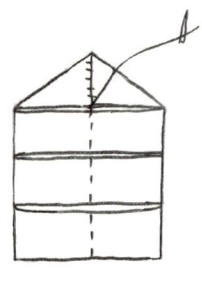

2 한가운데를 꿰맨다.

3 가운데를 꿰맨 곳에 리본을 본드로 붙이고, 펠트로 숲을 꾸민다.

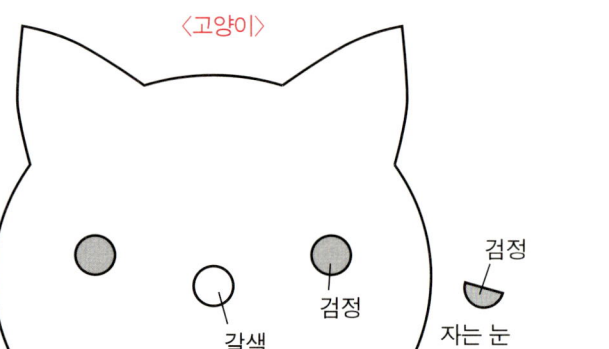

● **동물들**
동물들은 한 장에는 깨어 있는 얼굴, 또 한 장에는 자는 얼굴을 만들어 앞뒤로 겹쳐 본드로 붙인다.
※눈은 원형 펠트 스티커가 있으면 편리합니다. 스티커에 풀이 발라져 있지만, 본드로 튼튼하게 붙이세요.

「누가 살고 있을까?」 도안

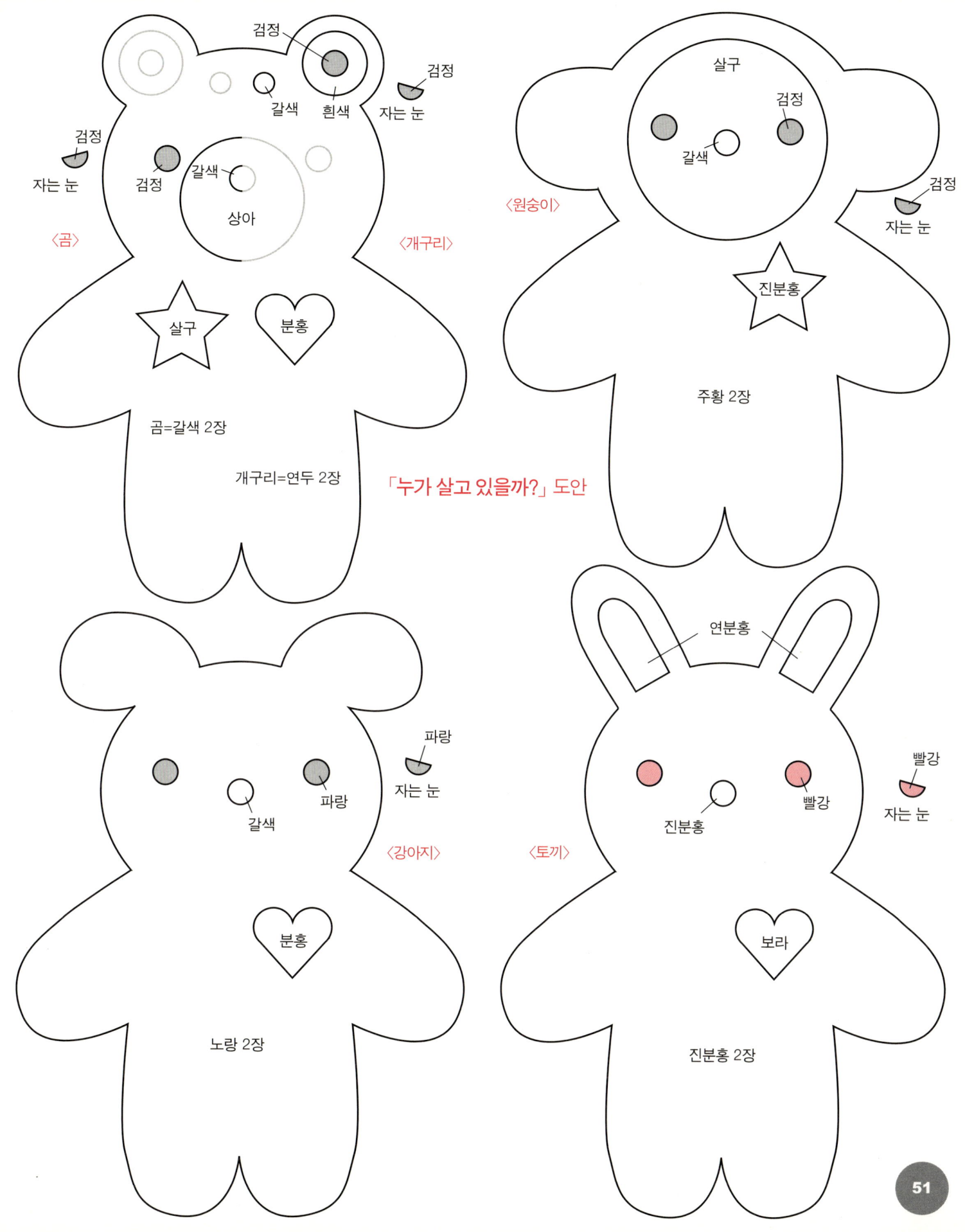

유령의 집

작품 38쪽
도안 52, 53쪽

재료
페이스 타월 [초록] 86㎝×35㎝(대략의 사이즈) 1장, 펠트 문 [주황] 8㎝×11㎝, [노랑] 10㎝×9㎝, [연분홍] 15㎝×8㎝, [갈색] 10㎝×10㎝ 풀 [초록] 11㎝×9㎝ 문, 박쥐 [보라] 11㎝×15㎝ 유령 [흰색] 20㎝×20㎝ 버섯 [빨강] 4㎝×3㎝ [노랑] 1㎝×3㎝, [흰색] 2㎝×2㎝ 기타 [흰색, 검정, 빨강, 하늘, 노랑] 약간, 자수 실 [검정]

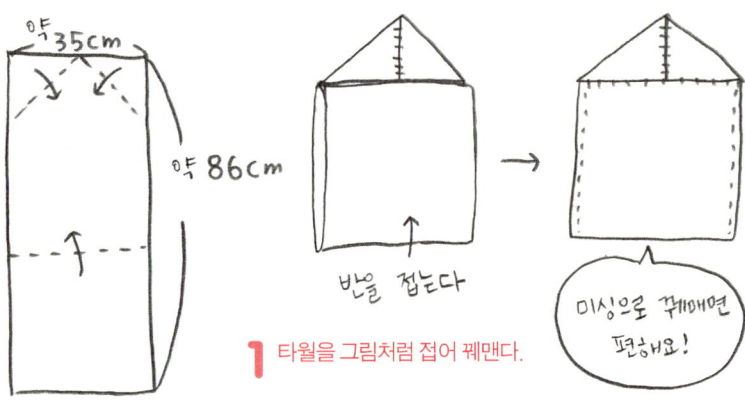

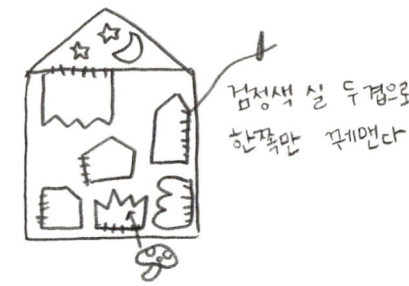

1 타월을 그림처럼 접어 꿰맨다.

2 문은 펠트를 다양한 모양으로 잘라, 한쪽을 꿰맨다. 별이나 버섯을 본드로 붙인다.

3 유령은 도안대로 펠트를 잘라 얼굴을 만든다.
※눈은 원형 펠트 스티커가 있으면 편리합니다. 원형 스티커는 풀이 발라져 있지만, 본드로 튼튼하게 붙이세요.

「유령의 집」 도안

토순이의 하루
작품 40쪽
도안 54, 55쪽

재료
타월 [상아] 86㎝×35㎝(대략의 사이즈) 1장, 펠트 토끼 [흰색] 12㎝×17㎝ 2장 문 [진분홍] 11㎝×7㎝ 창문 [하늘] 5.5㎝×4.5㎝ 욕조, 베개 [흰색] 20㎝×8㎝ 식탁 [진갈색] 14㎝×7㎝ 의자 [연갈색] 4㎝×4㎝ 베개, 샤워기 [주황] 11㎝×10㎝ 물 [진하늘] 7㎝×3㎝ 이불 [연분홍] 15㎝×15㎝, [진하늘] 6.5㎝×6.5㎝, [보라] 4㎝×4㎝ 기타 [빨강, 노랑, 하늘, 연두, 흰색, 연분홍, 주황] 약간, 솜 적당량, 원형 펠트 스티커 7㎜짜리 2개, 자수 실 [빨강], 똑딱단추 3쌍, 프릴 8㎝, 리본 [파랑] 폭 1.5㎝짜리 34㎝, [분홍] 폭 1.5㎝짜리 15㎝

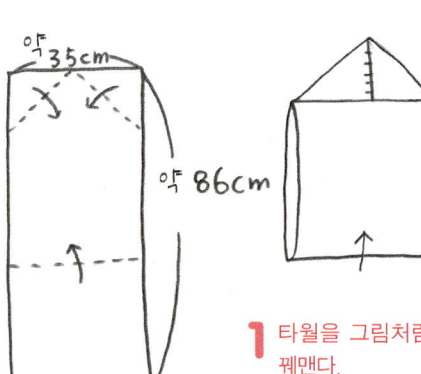 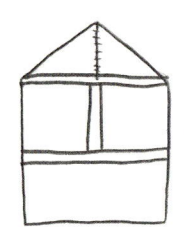 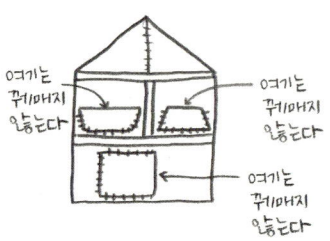 

1 타월을 그림처럼 접어 꿰맨다.

2 그림의 위치에 리본을 본드로 붙인다.

3 식탁, 욕조, 이불을 한쪽을 남기고 꿰맨다.

4 프릴과 펠트로 만든 장식을 본드로 붙인다. 그림에 표기된 곳에 똑딱단추 세 쌍을 꿰맨다.

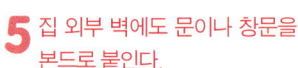

5 집 외부 벽에도 문이나 창문을 본드로 붙인다.

「토순이의 하루」 도안 (토끼 도안은 94쪽에 있습니다)

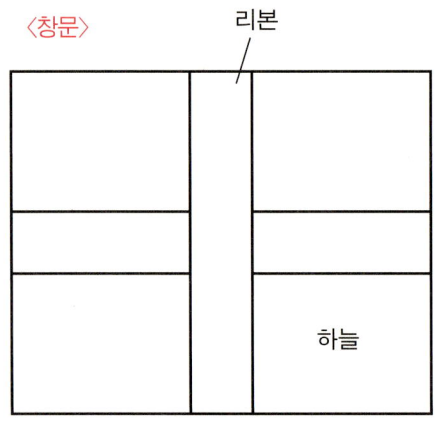
〈창문〉 리본 / 하늘

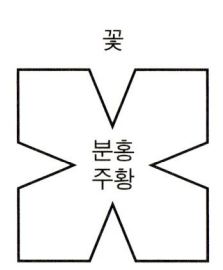
꽃 / 분홍 주황

〈문〉 진분홍 / 노랑

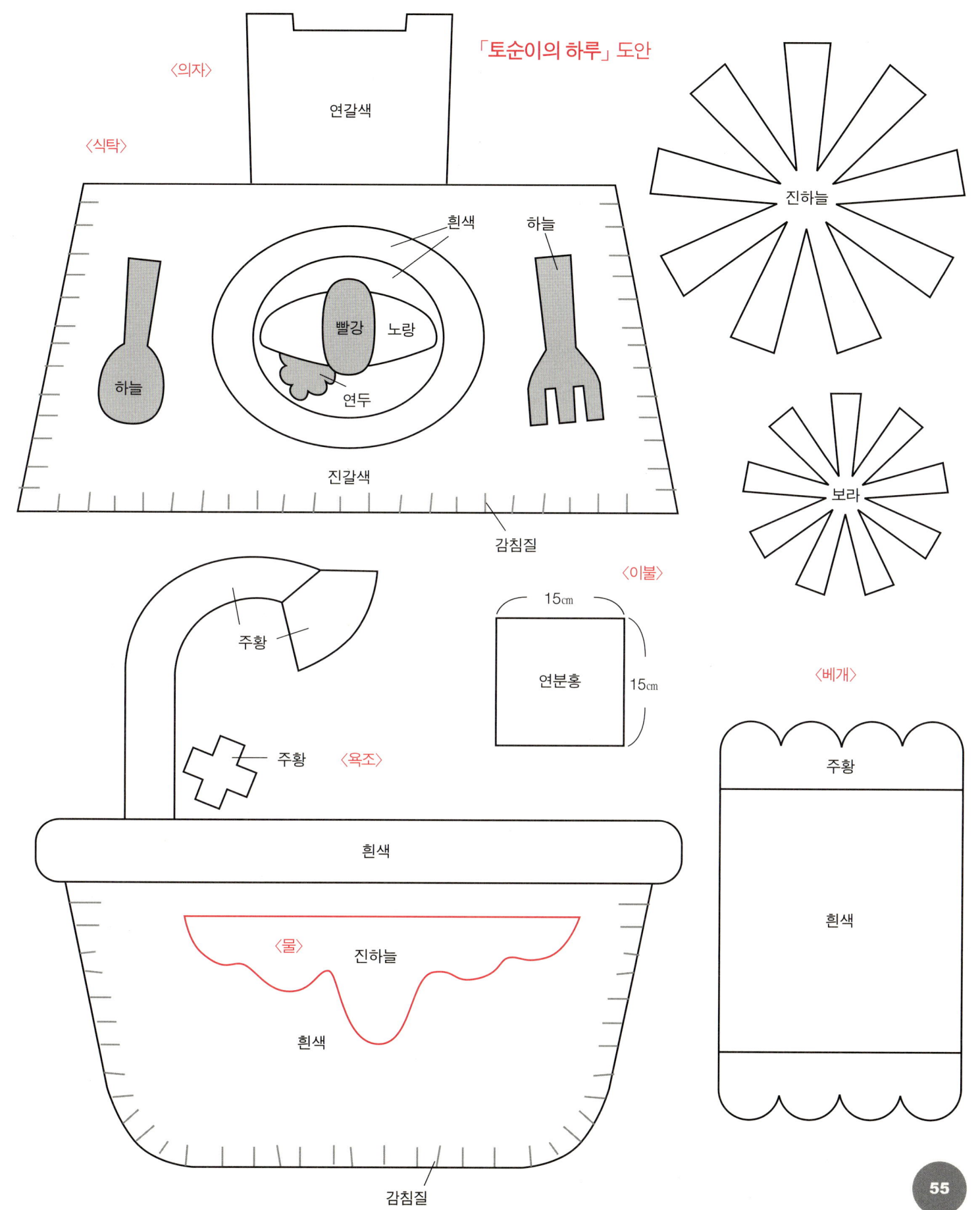

바다 속에는 뭐가 있을까?

작품 42쪽
도안 57쪽

재료
골판지 30㎝×40㎝ 1장, 천 [하늘색/잔 물방울무늬] 35㎝×45㎝, 바이어스 테이프 [하늘] 폭 2㎝짜리 145㎝, 펠트 **바다** [진하늘] 33㎝×30㎝ **문어** [빨강] 20㎝×10㎝ **물고기** [진분홍, 노랑, 주황] 20㎝×6㎝ 각 1장 **게** [주홍] 20㎝×7㎝ **가리비** [연분홍] 10㎝×6㎝ **상어** [에메랄드그린] 15㎝×8㎝ **기타** [빨강, 노랑, 흰색, 연초록, 분홍, 주홍] 약간, 원형 펠트 스티커 5㎜짜리 5개, 7㎜짜리 3개, 원형 벨크로 10쌍, 몰 10㎝짜리 5개

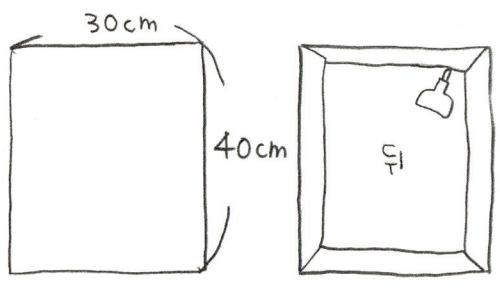

1 골판지를 감싸듯 천을 본드로 붙인다. 남은 천은 뒤쪽으로 넘겨 붙인다.

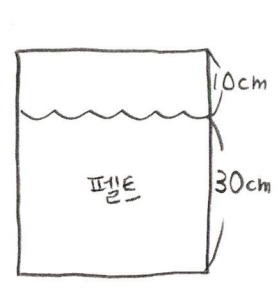

2 진하늘색 펠트를 붙인다.

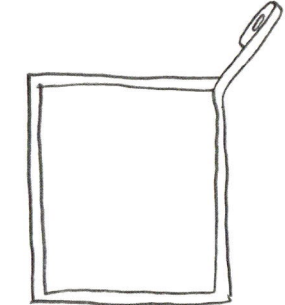

3 바탕의 테두리를 바이어스 테이프로 한 바퀴 감고 본드로 붙인다.

4 둥글게 자른 벨크로를 접착제로 붙인다. 접착제가 마르면 송곳으로 구멍을 2개 내어 몰을 끼워 보강한다.

5 몰은 뒤에서 단단히 틀어 묶고 그 위에 껌 테이프를 붙인다.

6 구름과 요트를 장식한다.

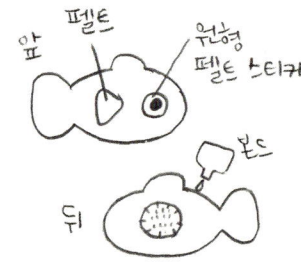

7 물고기는 두 장을 같은 형태로 잘라 한 장에는 본드로 눈과 지느러미를 붙이고 다른 한 장에는 벨크로를 꿰맨 뒤, 둘을 본드로 붙인다.

숲 속의 집

`작품 44쪽`
`도안 59쪽`

재료
골판지 30㎝×40㎝ 1장, 천 [분홍색/큰 물방울무늬] 35㎝×45㎝, 바이어스 테이프 [빨강] 폭 2㎝짜리 145㎝, 펠트 숲 [진초록, 초록] 20㎝×20㎝ 각 1장 동물 카드 [하늘, 연분홍, 노랑, 주황] 10㎝×12㎝ 각 1장 동물들 [진분홍, 빨강, 주황, 베이지 12㎝×6㎝ 각 1장 선물 카드 [노랑] 10㎝×12㎝ 기타 [연분홍, 파랑, 노랑, 빨강, 초록, 갈색, 연두, 주황] 약간, 단추 지름 1.8㎝짜리 20개, 몰 10㎝짜리 20개, 면끈 두께 5㎜짜리 8㎝×카드 개수, 리본 [연두] 폭 3㎜짜리 10㎝

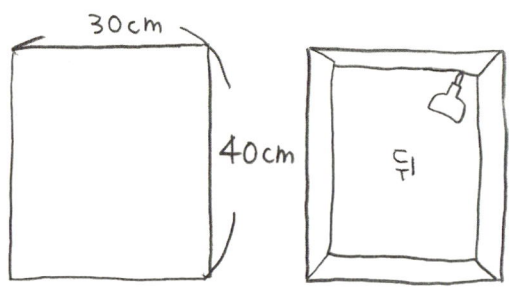

1 골판지를 감싸듯 천을 본드로 붙인다. 남은 천은 뒤쪽으로 넘겨 붙인다.

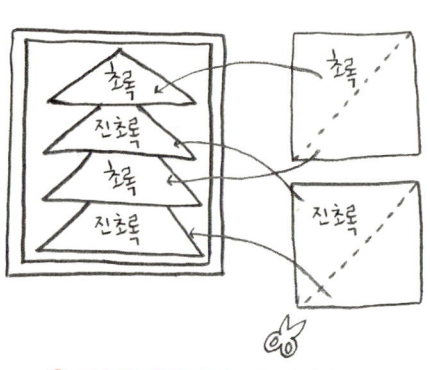

2 진초록, 초록색 펠트를 번갈아 붙여 나무를 만든다.

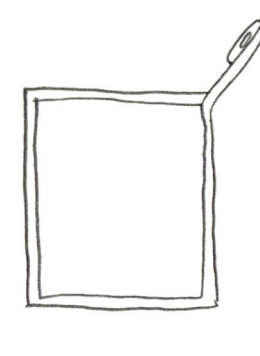

3 바탕의 테두리를 바이어스 테이프로 한 바퀴 감고 본드로 붙인다.

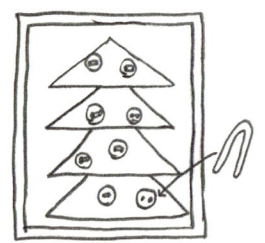
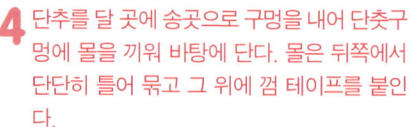

4 단추를 달 곳에 송곳으로 구멍을 내어 단춧구멍에 몰을 끼워 바탕에 단다. 몰은 뒤쪽에서 단단히 틀어 묶고 그 위에 껌 테이프를 붙인다.

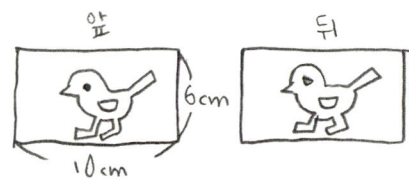

5 동물 카드 한 장에는 깨어 있는 모습, 다른 한 장에는 자고 있는 모습을 본드로 붙인다.

6 면끈으로 고리를 만들어 2장의 카드 사이에 넣고 본드로 붙인다.

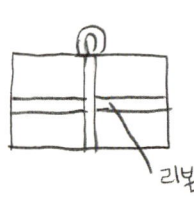

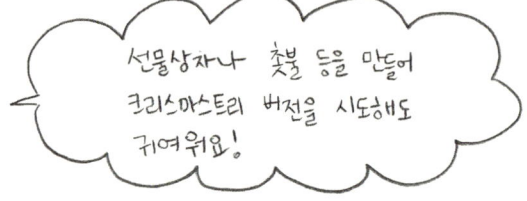

선물상자나 촛불 등을 만들어 크리스마스트리 버전을 시도해도 귀여워요!

옷 갈아입히기 책

작품 46쪽

도안 49, 60, 61쪽

재료
펠트 바탕 [파랑, 노랑] 20cm × 20cm 각 1장 돼지 [살구] 10cm × 10cm, [연두] 12cm × 6cm, [분홍] 10cm × 3cm, [노랑] 3cm × 3cm, [갈색] 약간, 원형 펠트 스티커 7㎜짜리 2개 곰 [갈색] 8cm × 10cm, [흰색] 15cm × 10cm, [주홍] 3cm × 3cm, [살구] 3cm × 3cm, 원형 펠트 스티커 7㎜짜리 2개 고양이 [보라] 17cm × 8cm, [주황] 9cm × 9cm, [흰색, 초록, 노랑, 갈색] 약간 토끼 [연분홍] 13cm × 7cm, [하늘] 11cm × 8cm, [진분홍, 흰색, 빨강, 갈색] 약간, 자수 실 [빨강]

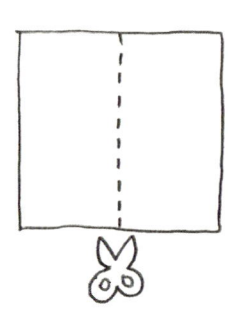     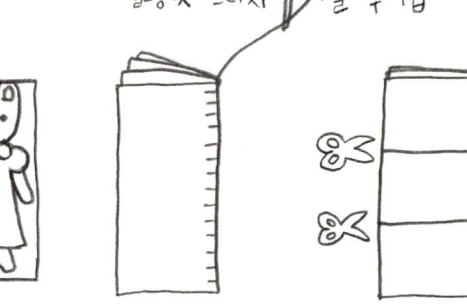

1 바탕이 될 파랑색과 노랑색 펠트를 각각 반으로 잘라 같은 크기 4장을 만든다.

2 4장에 각각 미리 만들어놓은 동물 장식을 본드로 붙인다.

3 4장을 겹쳐 한쪽 테두리를 블랭킷 스티치로 꿰맨다.

4 각 장을 3등분해서 자른다(마지막 장은 자르지 않도록 주의한다).

「옷 갈아입히기 책」 도안

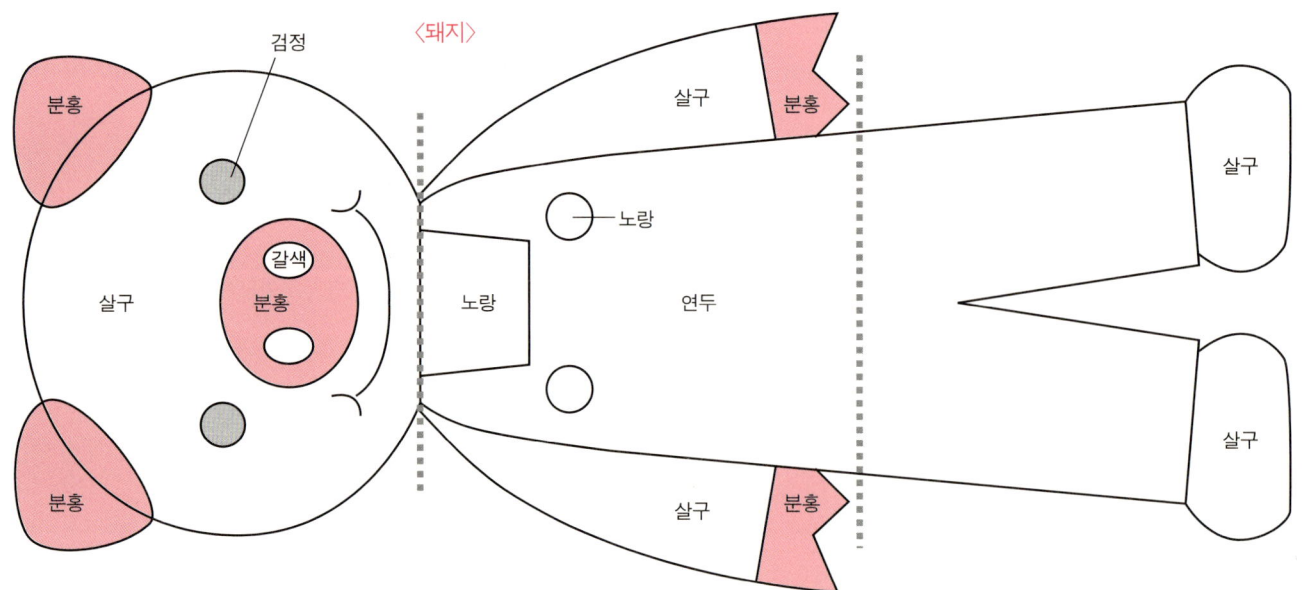

※120% 확대해서 사용해주세요.

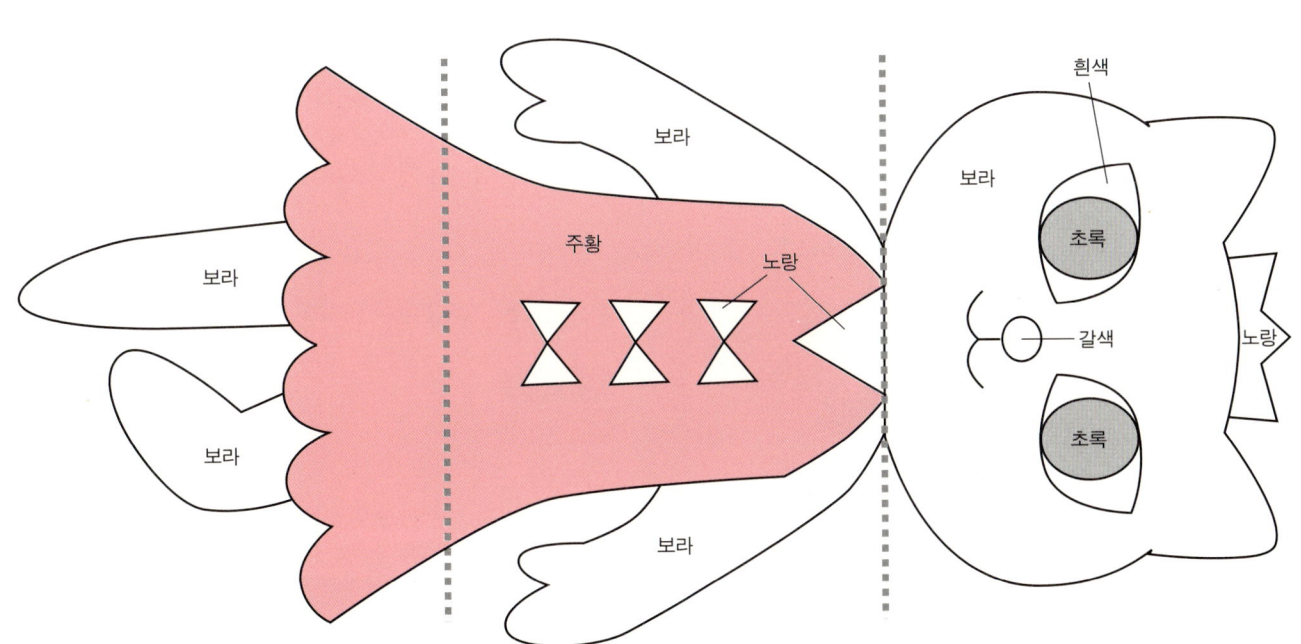

※120% 확대해서 사용해주세요.

변신 인형
작품 65쪽

재료
타월 재질 아기용 모자 [하늘, 분홍] 각 1개, 인형 달린 타월걸이 2개(5쪽의 「잼잼 아기」를 대신 사용해도 됩니다.)

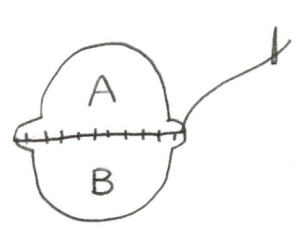   

1 모자 A, B를 마주 보게 두고 테두리를 블랭킷 스티치로 꿰맨다.

2 모자 A, B 위쪽에 각각 인형을 꿰맨다.

3 모자 A, B를 하나로 포갠 뒤 중앙을 꿰매 잇는다.

손에 손잡고
작품 66쪽
도안 63쪽

재료
펠트 [주홍, 연분홍, 하늘, 주황, 연초록] 20㎝×13㎝ 각 1장, 원형 펠트 스티커 7㎜짜리 2개, 5㎜짜리 8개, [살구, 연두, 노랑, 빨강, 연분홍, 파랑, 진분홍] 약간, 자수 실 [빨강, 검정], 원형 벨크로 5쌍

1 도안대로 펠트를 자르고 얼굴을 붙인다.

2 원형 벨크로를 손바닥에 꿰맨다(한쪽 손은 뒤쪽에 꿰맨다).

3 벨크로를 붙인 뒤쪽의 같은 위치에 둥글게 자른 펠트를 본드로 붙인다.

물고기 꼬리잡기
작품 67쪽
도안 63쪽

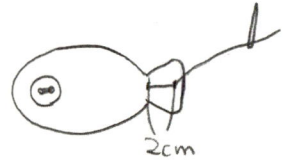

재료
펠트 [보라, 하늘, 연분홍, 연초록, 연하늘] 12㎝×6㎝ 각 1장, 단추 지름 2㎝짜리 5개

도안대로 펠트를 자르고 눈 부분에 단추를 단다. 꼬리 부분에 2㎝의 가로 구멍을 낸 뒤, 양끝을 꿰매 찢어지지 않도록 한다.

칙칙폭폭 기차
작품 67쪽
도안 63쪽

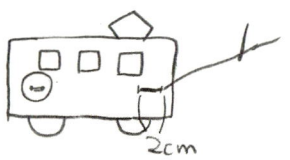

재료
펠트 [주황, 하늘, 진분홍, 연두, 노랑] 9㎝×5㎝ 각 1장, [회색] 7㎝×4㎝ [파랑] 9㎝×1㎝, [연하늘] 6㎝×1㎝, 단추 지름 2㎝짜리 5개
※선로는 재료에 포함되어 있지 않습니다.

도안대로 펠트를 자르고 왼쪽에 단추를 단다. 오른쪽은 가로 절개 후, 양끝을 꿰매 찢어지지 않도록 한다. 차 바퀴나 팬터그래프는 본드로 붙인다.

동물 마그넷

작품 80쪽
도안 64쪽

재료
자석보드 1개, 자석 시트 10cm×10cm, 펠트 고양이 [흰색] 8cm×5cm, [연두] 5cm×5cm 개 [상아] 7cm×5cm, [파랑] 5cm×5cm 곰 [주황] 8cm×5cm, [노랑] 5cm×5cm 토끼 [분홍] 10cm×5cm, [빨강] 5cm×5cm 기타 [연분홍, 진분홍, 파랑, 빨강, 초록, 갈색] 약간
※ 자동차는 재료에 포함되어 있지 않습니다.

1 도안대로 펠트를 자르고 머리와 몸을 본드로 붙인 뒤 얼굴을 만든다.

※ 눈은 원형 펠트 스티커가 있으면 편리합니다. 원형 스티커는 풀이 발라져 있지만, 본드로 튼튼하게 붙이세요.

2 둥글게 자른 자석 시트를 머리 뒷면에 접착제로 붙인다.

사자 직소퍼즐

작품 80쪽
도안 64쪽

재료
자석보드 1개, 자석 시트 20cm×15cm, 천 [연두색과 흰색 줄무늬] 20cm×15cm, 펠트 [노랑] 20cm×20cm, [갈색] 10cm×10cm, [연두] 8cm×4cm, 원형 펠트 스티커 7㎜짜리 2개, 자수실 [빨강]

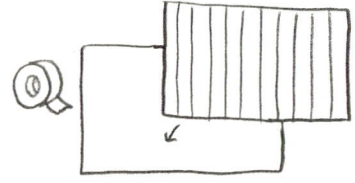  

1 자석 시트에 양면테이프로 천을 붙인다.

2 펠트로 만든 장식을 본드로 붙인다.

3 사진을 참고하여 좋아하는 모양대로 자른다.

> 조각을 너무 작게 내면 퍼즐 맞추기가 어려워지니 주의하세요!

「동물 마그넷」도안
※ 200% 확대복사해서 사용하세요.

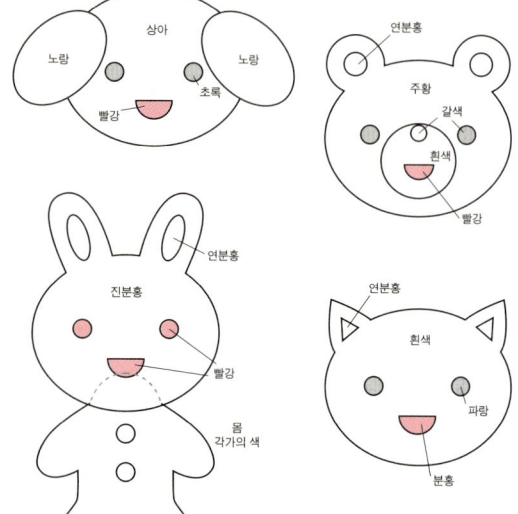

「사자 직소퍼즐」도안
※ 200% 확대복사해서 사용하세요.

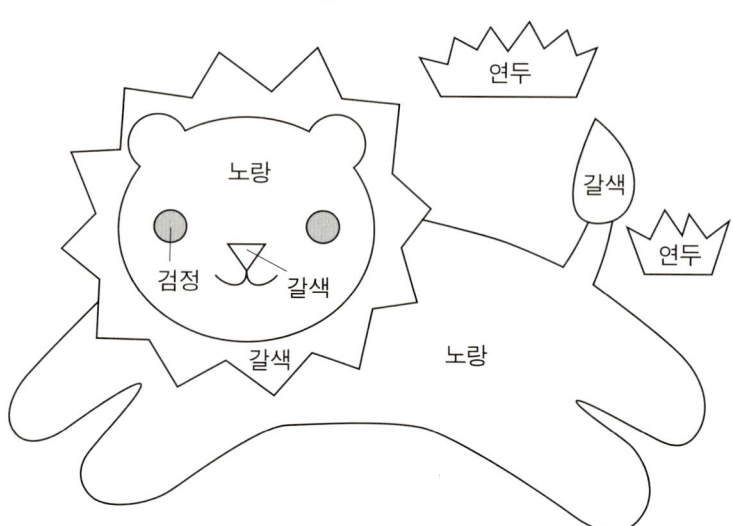

Part 3 우리 아이 상상력을 키워주는 헝겊 장난감 놀이

변신 인형
: 빙그르르, 뿅!
눈 깜짝할 사이에 돼지가 강아지로 대변신!

3 세~
만드는 방법→62쪽

모자와 타월걸이에 붙어 있는 봉제인형 모두 천냥백화점에서 파는 물건들. 인형을 구할 수 없다면 5쪽에서 소개한 양말인형을 활용해도 좋습니다. 아이들에게 언제나 인기 만점인 숨바꼭질 놀이의 업그레이드 버전이에요.

여기 여기 붙어라
: 하나 둘 늘어나는 즐거운 친구들. 많이 만들어 길게 이어주세요.

손에 손잡고 3세~

만드는 방법→62쪽

펠트로 만든 동물의 손에 벨크로를 달아 계속 이어붙일 수 있도록 합니다. "토끼랑 고양이, 자, 악수" "곰이랑 강아지, 친하게 지내자" 등 말을 걸어주며 신나게 이어붙이게 하세요.

물고기 꼬리잡기

3 세~

만드는 방법→62쪽

단추로 물고기 눈을 만들고, 꼬리에 단춧구멍을 내어 눈과 꼬리를 차례차례 이으며 놀아요. "물고기가 나타났네! 어디 보자. 한 마리, 두 마리…" 이렇게 말을 하며 연결하는 걸 보여주세요. '재미있겠는걸!' 하고 아이가 달려들도록 의욕을 자극해줄 수 있는 방법이랍니다.

칙칙폭폭 기차

3 세~

만드는 방법→62쪽

기차의 왼쪽에는 단추를 달고, 오른쪽에는 단춧구멍을 내어 계속 이어갑니다. 단추를 잠그고 푸는 동작에도 점점 익숙해집니다. 선로는 직사각형으로 자른 펠트와 면끈으로 만드세요. 쉽게 구할 수 있는 헝겊만으로도 다양한 요소를 생각해낼 수 있어요.

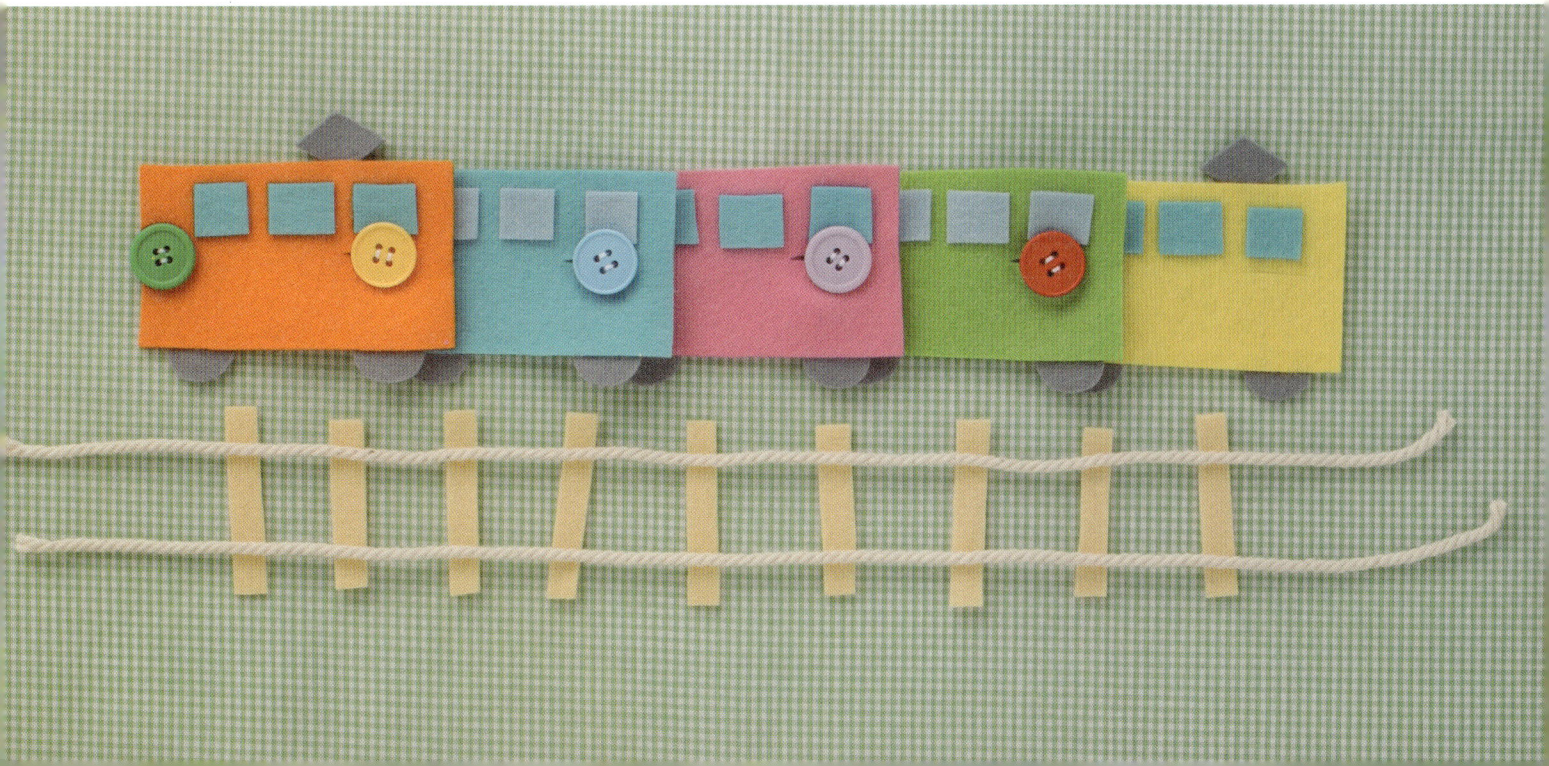

입을 크게 벌려 사과를 아작아작!

우걱우걱 먹보

: 우걱우걱 우걱이는 먹보예요.
커다란 입으로 뭐든지 잘 먹습니다.

3 세~

만드는 방법→82쪽

파스너(지퍼)를 입처럼 만들어 여러 가지 음식을 먹이는 놀이 인형입니다. "우걱우걱" "아아, 당근도 참 맛있어" 하고 말을 하며 놀아주세요. 아이의 편식을 고치거나 양치 습관을 기르는 데에도 좋답니다.

다 먹었으면 이를 닦아야지.

68

3세~

만드는 방법→82쪽

파스너를 열면 차례차례 무언가가 나오는 재미에 아이는 푹 빠집니다. "엄마 닭이 달걀을 낳고, 그 달걀에서 병아리가 태어나는 거야" 이런 것도 가르쳐줄 수 있어요.

달걀이 쑥! 병아리가 뿅!

: 우와, 놀래라! 엄마 닭에서 뭐가 나오고 있지? 음, 그럼 다음에는?

움직이는 교통수단
: 움직임이 있는 장난감은 특별한 즐거움! 꿈이 점점 펼쳐집니다.

하늘~비행기와 헬리콥터

선로~전차와 고속열차

3 세~

만드는 방법→84쪽

면끈에 비행기 등의 장식을 단 펠트를 끼워서 움직이는 헝겊 장난감입니다.
"고속열차, 슈웅" "배가 바다 위를 둥둥" "기차는 칙칙폭폭" 등 의성어를 써가며 놀아보세요.

도로~자동차와 트럭

바다~배와 요트

빨래를 해요

: 깨끗하게 빨래를 하면 기분도 깨끗! 해님 아래서 뽀송뽀송하게 말려요.

깨끗하게 빨자.

자아, 빨래를 시작할까~

3세~

만드는 방법→88쪽

세탁물을 세탁기에 넣어서 빨고, 헹구고, 탈수해서 말리고, 개어 옷장에 정리하기까지의 과정을 재미나게 기억할 수 있는 생활 그림책입니다. 문방구에서 파는 앙증맞은 집게를 빨래집게로 사용해서, 펠트로 만든 옷을 넣어요. "○○의 바지를 말리자!" 등의 말을 하며 놀아보세요.

야아, 날씨가 좋네! 밖에서 말리자!

멋쟁이 가방

: 여자아이들은 멋 내기를 참 좋아해요!
오늘은 어떻게 멋을 내볼까?

3세~

만드는 방법→92쪽

화장도구들로 가득 찬 가방에는 꿈도 가득합니다. 작은 립스틱이나 콤팩트를 보면 여자아이들은 눈이 반짝. 헤어스타일이나 옷을 바꿀 수 있는 인형을 세트로 만들어주면 소꿉놀이도 할 수 있어요.

카트린느는 분홍색 드레스!

마리는 갈색 머리야.

거울 빗 콤팩트

립스틱 매니큐어 가발

옷

의사 선생님의 진료가방

: 아픈 데를 낫게 해주는 신기하고도 신기한 의사 선생님 가방이에요.

청진기

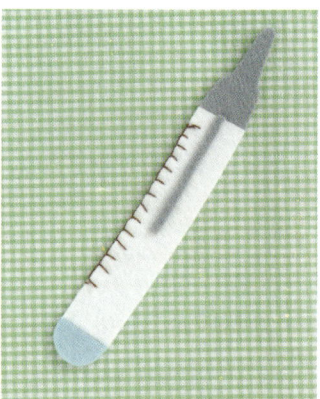

체온계

주사기

약

반창고

3세~

만드는 방법→92쪽

40쪽의 토순이가 여기서는 의사 선생님으로 변신! 청진기나 주사기가 들어 있는 의사 선생님의 가방은 생각만 해도 두근두근, 가슴이 설레요. 아이들은 병원놀이를 참 좋아하죠. '흉내 내기 놀이'를 할 수 있게 되면 상상력도 풍부해진답니다.

> 어떤 상처든 걱정하지 말아요! 낫게 해줄게요!

케이크를 만들어요

: 모두가 좋아하는 케이크를 만들어요.
  좋아하는 음식으로 장식해서 먹음직스럽게!

3세~

만드는 방법→81쪽

빈 쿠키 통에 면끈을 둘둘 말아 생크림처럼 만들어요. 빨간 장갑의 손가락 부분으로 딸기를, 펠트로 데커레이션을 만들어 장식하며 놀아요. "○○의 생일 케이크를 만들어볼까?" "빨간 딸기를 올리자" 등의 이야기를 나누며 함께 장식하면 좋겠죠.

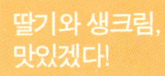

딸기와 생크림, 맛있겠다!

밑에 자석이 들어 있어서 달라붙어요.

선물은 뭘까?

딸기 크림은 분홍색 끈으로~

붙여 봐요

붙였다가 떼었다가, 붙였다가 떼었다가….
아이들이 이런 것을 무엇보다 신기해하고 재미있어 할 무렵에 최고로 좋은 장난감입니다.

동물 마그넷

2세~
만드는 방법→64쪽

펠트로 만든 동물의 몸에 자석 시트를 붙여 자석보드에 철떡철떡 붙이며 놉니다. 얼굴이나 다리 부분을 잡고 떼어내도록 하면 아이의 작은 손으로도 쉽게 조작할 수 있어요.

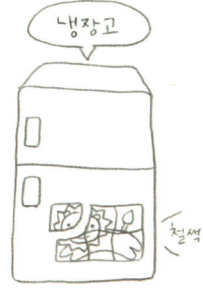

3세~
만드는 방법→64쪽

대형 자석 시트에 사자 그림을 붙인 다음 여섯 조각으로 자릅니다. 그것을 흩어놓으면 직소퍼즐이 되지요. 나이에 맞춰 조각의 개수를 달리 해도 좋아요. 먼저 엄마가 퍼즐을 맞추는 모습을 보여주고 "어머, 사자가 되었네!" 하며 노는 방법을 보여주세요.

사자 직소퍼즐

케이크를 만들어요

작품 78쪽
도안 88쪽

재료
케이크 쿠키 등의 원형 빈 통, 종이 [흰색], 면끈 [흰색, 분홍] 크기와 두께, 길이는 통의 크기에 따라 변함 **딸기** 장갑 [빨강], 솜 적당량, 자석 지름 2㎝짜리 딸기 개수만큼 **입체 곰** 장갑 [주황], 솜 적당량, 자석 지름 2.5㎝짜리 1개, 컬러고무줄 1개, 눈알 단추 지름 4㎜짜리 2개, 펠트 [주황, 연분홍, 살구, 갈색] 약간 **빨간 망토** 장갑 [흰색], 솜 적당량, 자석 지름 2㎝짜리 1개, 컬러고무줄, 1개, 눈알 단추 지름 4㎜짜리 2개, 펠트 [빨강] 5㎝×3㎝, [하늘, 빨강] 약간, 털실 [갈색] 약간 **코르크 난쟁이** 코르크 마개 1개, 자석 지름 2㎝짜리 1개, 솜방울 1개, 펠트 [빨강] 15㎝×10㎝, [초록, 노랑] 약간 **곰** 펠트 [주황] 15㎝×10㎝, [흰색, 빨강, 검정] 약간, 원형 펠트 스티커 5㎜짜리 2개 **하트** 펠트 [진분홍] 8㎝×8㎝ **선물** 펠트 [노랑] 8㎝×5㎝, 리본 [초록] 폭 5㎜짜리 20㎝

● **케이크**

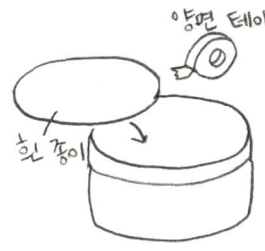

1 빈 쿠키통의 뚜껑과 같은 크기로 자른 흰 종이를 양면테이프로 붙인다(통에 무늬가 있다면 옆면에도 붙인다).

2 통의 옆면에 면끈을 둘러 접착제로 붙인다. 위에도 면끈으로 장식을 한다.

● **딸기**

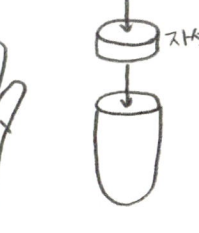

1 빨간 장갑의 손가락 부분을 자른다.

2 자른 손가락 부분에 자석, 솜의 순서로 넣는다.

3 위쪽을 꿰맨다. 필요한 개수만큼 만든다.

● **빨간 망토**

1 흰색 장갑의 손가락 부분을 잘라, 자석, 솜의 순서로 넣고 꿰맨다.

2 펠트로 만든 망토를 씌우고, 고무줄로 조여 머리를 만든다.

3 눈알 단추를 꿰매 달고, 털실, 입, 몸 장식은 본드로 붙인다.

● **곰**

1 주황색 장갑의 손가락 부분을 잘라 자석, 솜의 순서로 넣고 꿰맨다.

2 고무줄을 끼워 머리를 만들고, 눈알 단추, 귀, 입을 붙인다.

● **코르크 난쟁이**

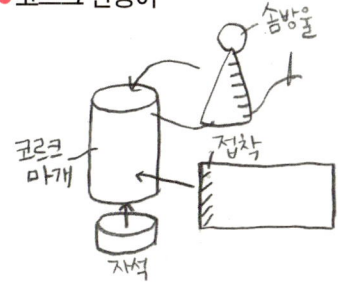

1 코르크 마개에 자석을 붙이고, 주변을 펠트로 만다.

2 삼각형 모자를 씌우고, 펜으로 얼굴을 그린다. 몸 장식을 붙인다.

● **펠트 장식**(도안은 88쪽)

도안대로 잘라 만든다.

우걱우걱 먹보

작품 68쪽
도안 83쪽

재료
펠트 인형 [살구] 20㎝×20㎝, [연두] 10㎝×8㎝ 생선 [파랑] 8㎝×7㎝ 사과 [빨강] 11㎝×4㎝ 당근 [주황] 11㎝×4㎝ 접시 [흰색] 10㎝×10㎝ 기타 [주황, 하늘, 연두, 검정] 약간, 털실 [갈색] 50㎝, 움직이는 눈알 지름 2㎝짜리 2개, 파스너 12㎝ 1줄, 솜 적당량, 자수 실 [빨강]

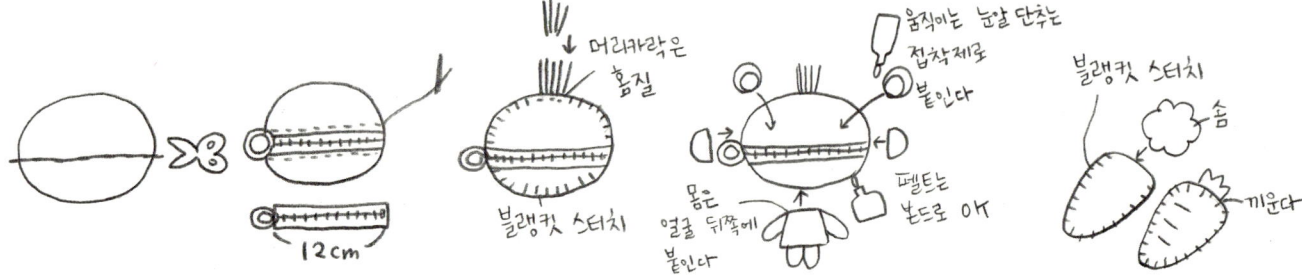

1 얼굴이 될 펠트 한 장을 입 위치에서 잘라 파스너를 꿰매 단다.

2 얼굴 펠트 2장 사이에 털실을 끼워 머리카락을 만들고, 블랭킷 스티치로 꿰매 맞춘다.

3 몸 부분은 본드로, 움직이는 눈알은 접착제로 각각 붙인다.

4 당근은 펠트 두 장의 사이에 잎을 끼우고 중간에 솜을 넣어, 블랭킷 스티치로 꿰맨다. 사과, 생선도 같은 방법으로 만든다.

달걀이 쑥! 병아리가 뿅!

작품 69쪽
도안 91쪽

재료
펠트 [흰색] 20㎝×20㎝ 3장, [빨강] 5㎝×3㎝, [노랑] 12㎝×10㎝, [주황] 2㎝×2㎝, 눈알 단추 지름 1㎝짜리 2개, 지름 8㎜짜리 2개, 파스너 12㎝짜리 2줄, 솜 적당량

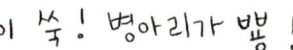 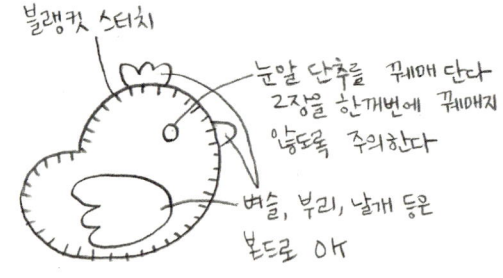

1 닭의 몸 부분이 될 펠트 두 장을 겹쳐 놓고 배 부분에 파스너를 꿰매 단다.

2 부리와 벼슬을 끼워 넣고 블랭킷 스티치로 꿰매 합친다. 눈알 단추는 꿰매 달고, 날개는 본드로 붙인다.

3 달걀도 펠트를 두 장 겹쳐 놓고 파스너를 꿰매 단다. 테두리는 블랭킷 스티치로 꿰맨다.

4 병아리는 펠트 안에 솜을 넣고 테두리를 블랭킷 스티치로 꿰맨다.

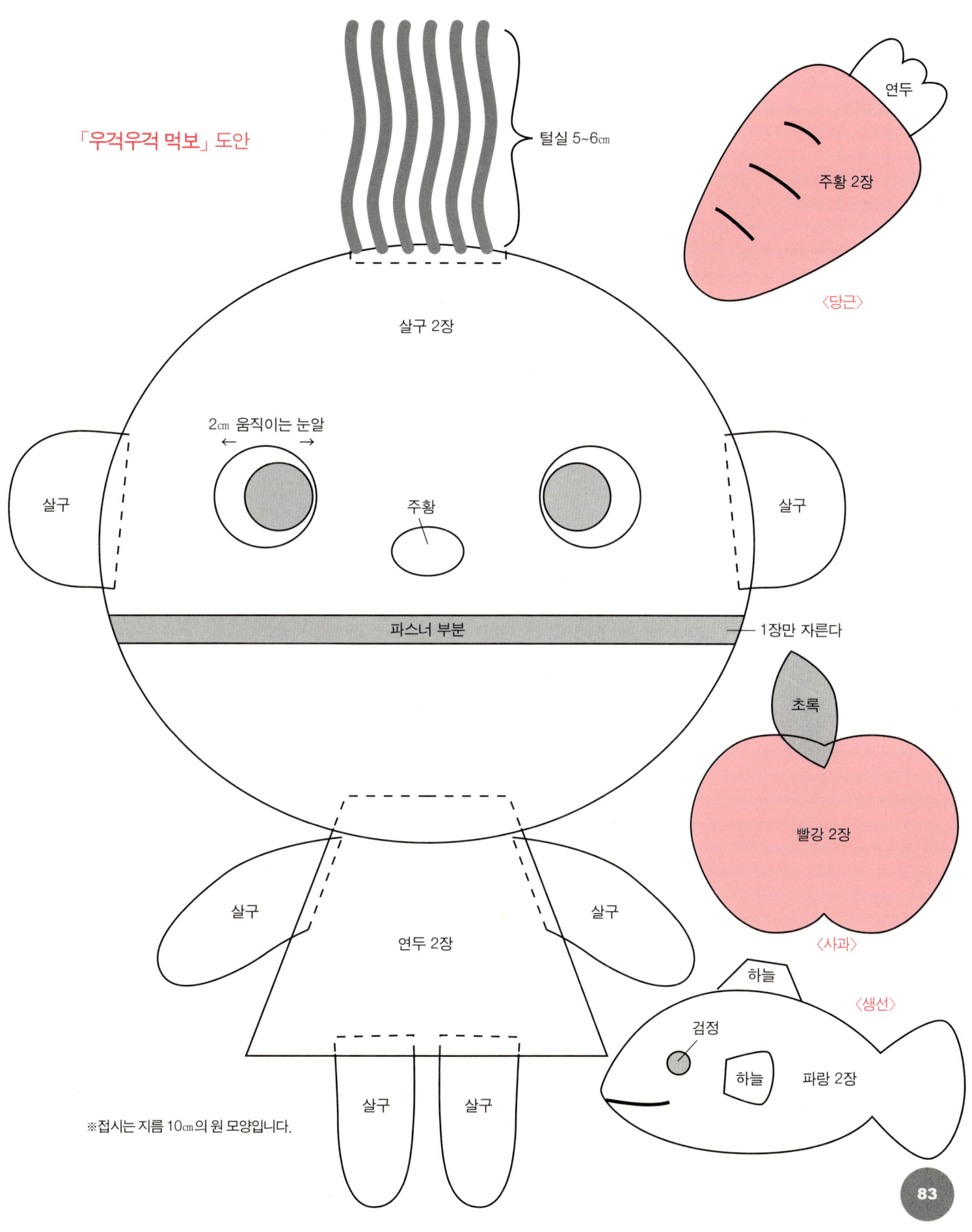

움직이는 교통수단

작품 70쪽

도안 85, 86, 87쪽

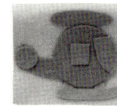

재료
바탕 골판지 40㎝×20㎝ 4장, 면끈 [흰색] 두께 5㎜짜리 45㎝ 4줄／펠트 하늘 [하늘] 40㎝×20㎝ 구름 [흰색] 20㎝×10㎝ 기타 [연두, 빨강, 연분홍, 노랑, 초록, 갈색] 약간 하늘 카드 [진분홍, 연분홍] 20㎝×10㎝ 각 1장, [흰색] 10㎝×10㎝, [주황] 10㎝×10㎝, [하늘] 10㎝×5㎝, [연초록] 5㎝×2㎝／선로 [갈색, 연두] 40㎝×10㎝ 각 1장 기타 [주황, 노랑, 초록, 검정, 빨강] 약간, 면끈 [검정] 두께 10㎜짜리 80㎝ 선로 카드 [보라, 진분홍] 20㎝×10㎝ 각 1장, [흰색] 10㎝×5㎝, [진하늘, 파랑, 하늘] 약간, [연두] 10㎝×8㎝, [주황, 하늘, 노랑] 약간／도로 [회색, 연두] 40㎝×10㎝ 각 1장 기타 [초록, 연초록, 주황, 빨강, 노랑, 파랑] 약간 도로 카드 [노랑, 연두] 20㎝×10㎝ 각 1장, [빨강, 파랑] 10㎝×8㎝ 각 1장, [연분홍] 3㎝×3㎝, [연하늘, 파랑, 진분홍, 주황] 약간／바다 [하늘, 파랑] 40㎝×10㎝ 각 1장 구름, 갈매기 [흰색] 20㎝×10㎝ 바다 카드 [주황, 연하늘] 20㎝×10㎝ 각 1장, [파랑, 노랑] 10㎝×5㎝ 각 1장 [빨강, 흰색, 노랑, 주황, 하늘] 약간, 벨크로 폭 2.5㎝짜리 32㎝

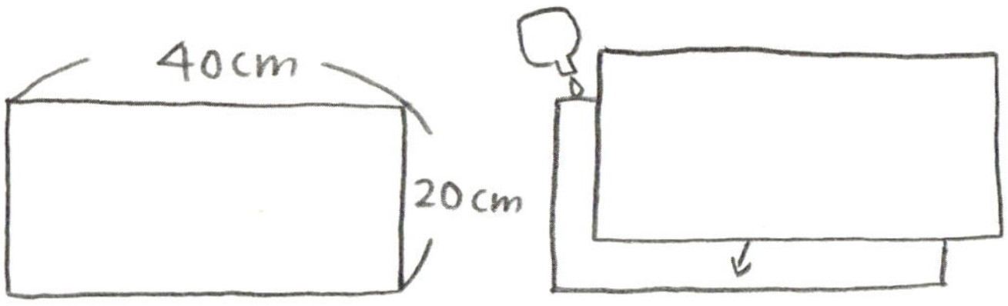

1 골판지와 펠트를 하나로 붙인다.

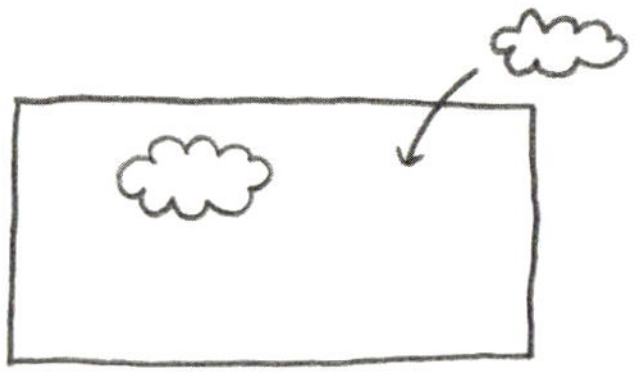

2 각각의 장식을 붙여 바탕 배경을 만든다.

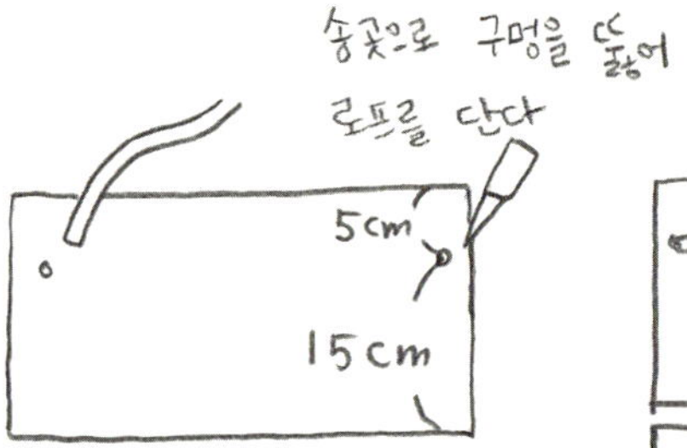

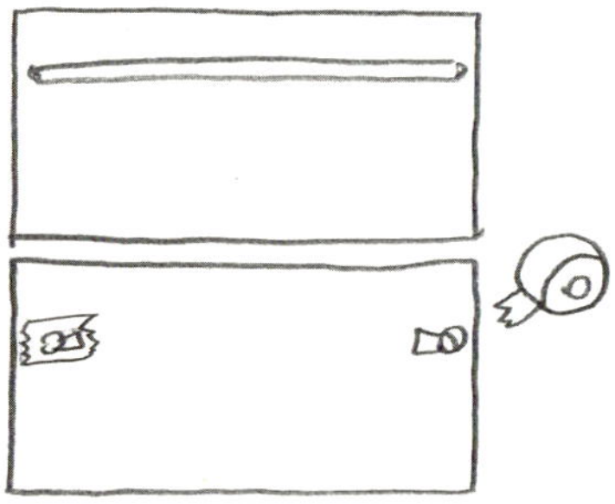

송곳으로 구멍을 뚫어 로프를 단다

3 송곳으로 바탕에 구멍을 뚫어 면끈을 통과한다. 면끈은 뒤에서 매듭을 짓고, 그 위에 껌 테이프를 붙여 보강해둔다.

● 교통수단 카드

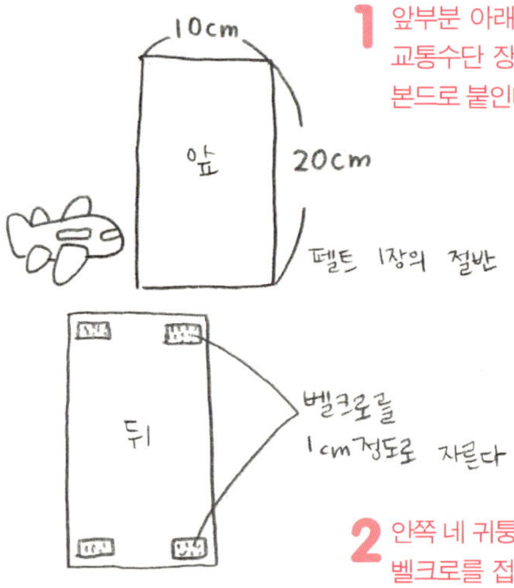

1 앞부분 아래쪽에 교통수단 장식을 본드로 붙인다.

앞 / 20㎝ / 펠트 1장의 절반

뒤 / 벨크로를 1㎝정도로 자른다

2 안쪽 네 귀퉁이에 벨크로를 접착제로 붙인다.

● 면끈의 위치

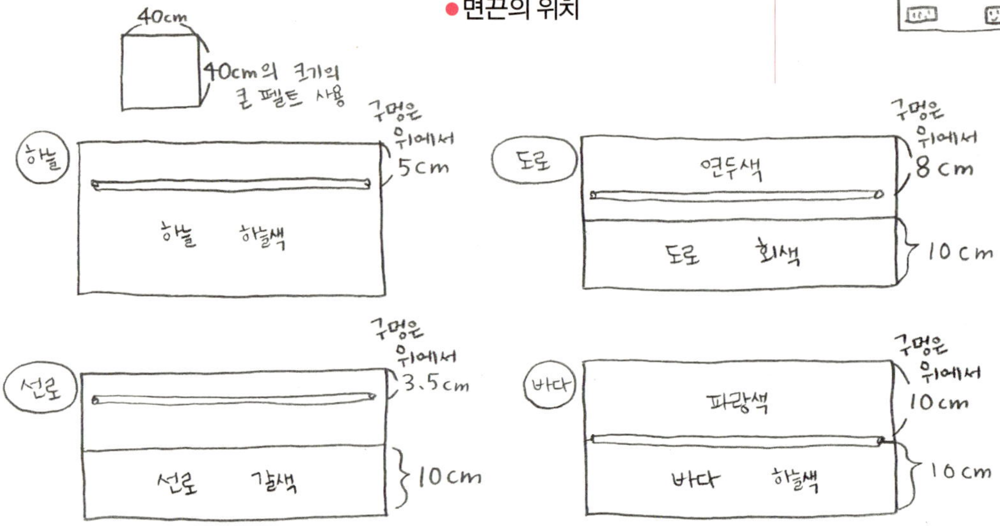

40㎝ / 40㎝의 크기의 큰 펠트 사용

하늘: 하늘 하늘색 / 구멍은 위에서 5㎝

도로: 연두색 / 도로 회색 / 구멍은 위에서 8㎝ / 10㎝

선로: 선로 갈색 / 구멍은 위에서 3.5㎝ / 10㎝

바다: 파랑색 / 바다 하늘색 / 구멍은 위에서 10㎝ / 10㎝

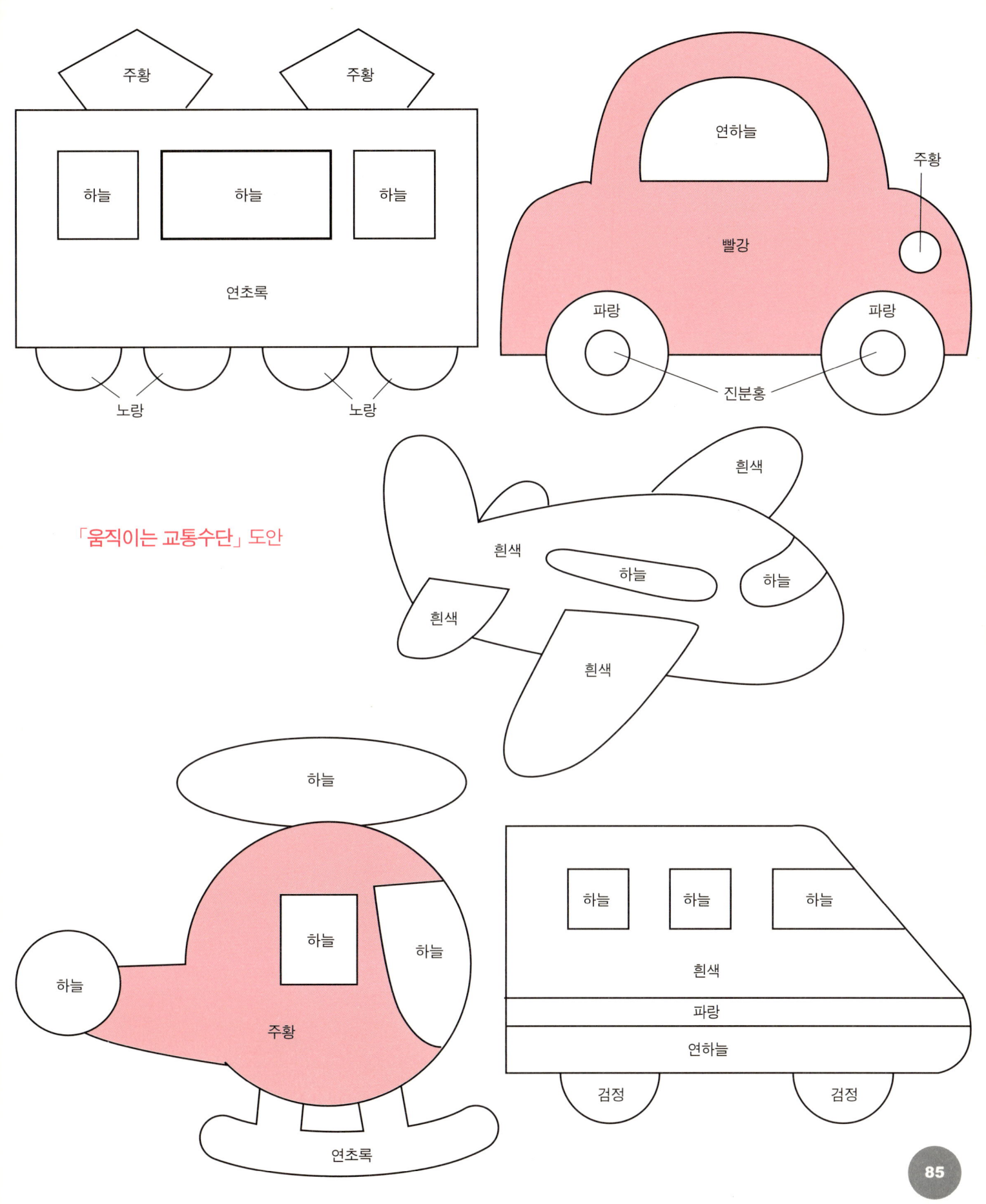

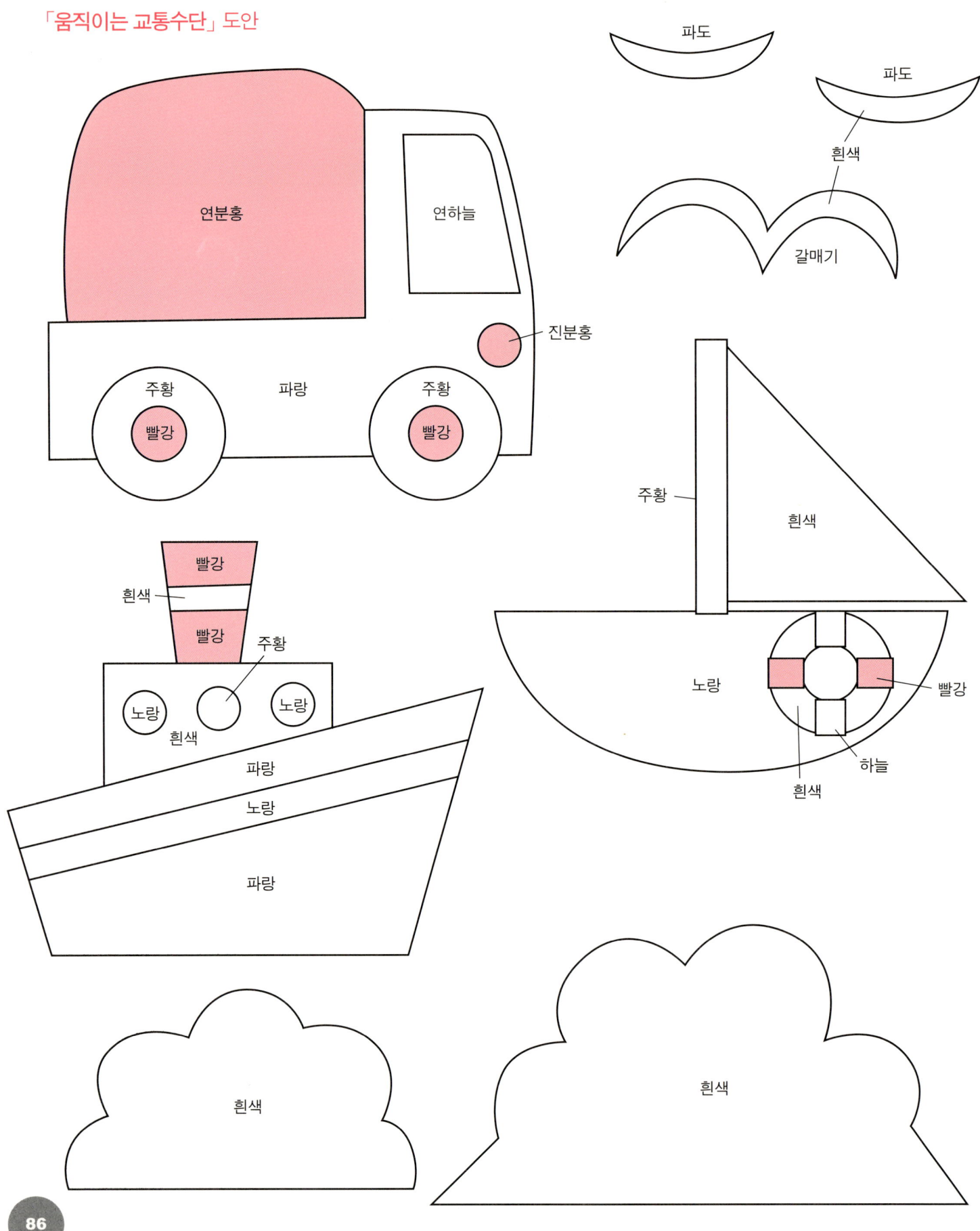

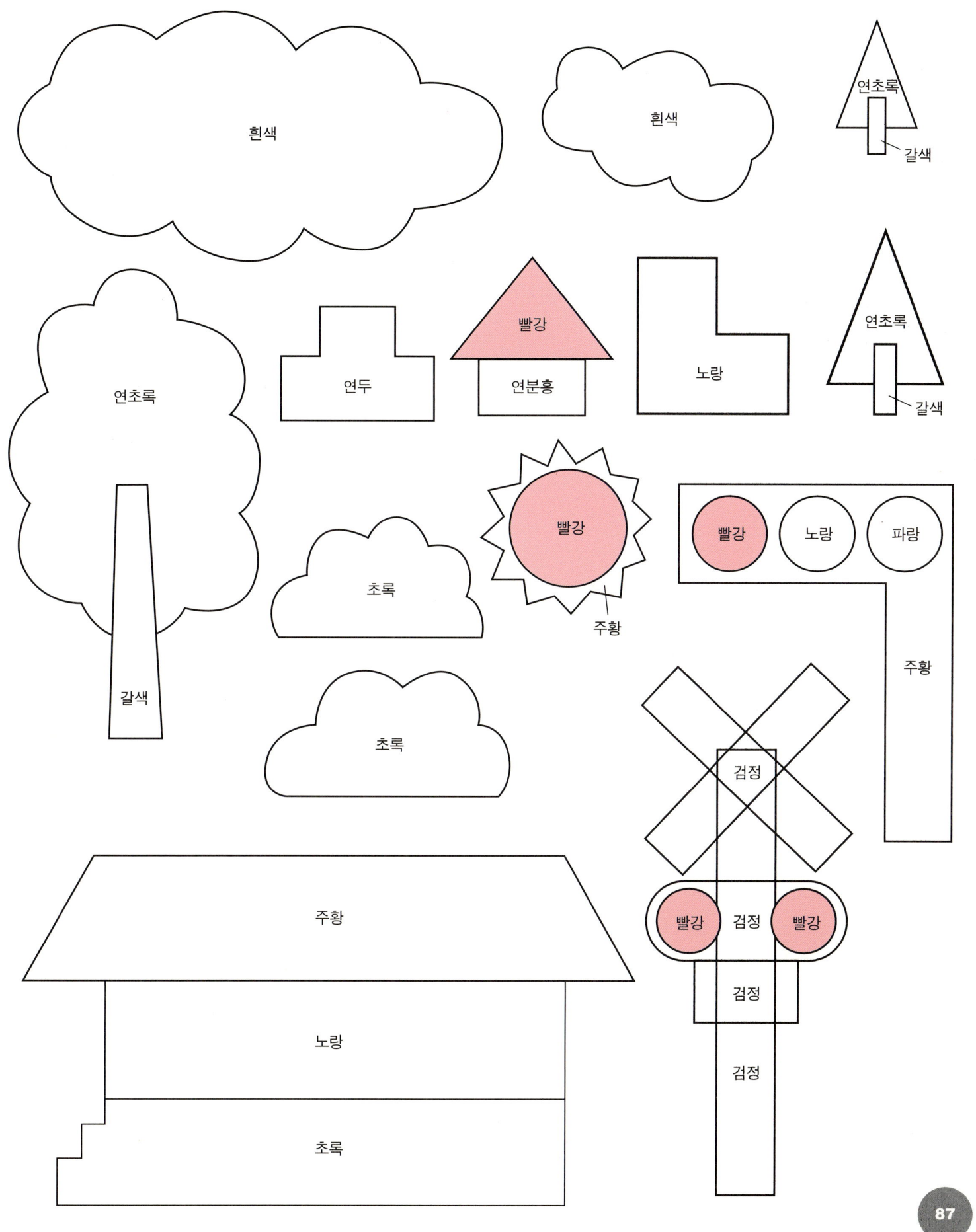

빨래를 해요

작품 72쪽
도안 89, 90쪽

재료
펠트 바탕 [연초록] 20㎝×20㎝, [상아] 20㎝×20㎝ 2장, [연분홍] 20㎝×20㎝ 세탁기 [흰색] 20㎝×16㎝, [하늘] 8㎝×8㎝ 에메랄드그린, 진분홍, 연보라, 노랑, 빨강 약간 해 [빨강] 4.5㎝×4.5㎝, [주황] 9㎝×9㎝ 강아지 [연분홍] 8㎝×7㎝, [연보라] 5㎝×5㎝, 보라, 빨강 약간 풀 [연두] 8㎝×3㎝, [초록] 11㎝×4㎝, [빨강] 약간 바구니 [갈색] 11㎝×7㎝ 세탁물 [흰색] 8㎝×6㎝, [파랑] 7㎝×5㎝, [빨강] 10㎝×7㎝, [진분홍] 9㎝×10㎝, [흰색, 진분홍] 약간 옷장 [주황] 16㎝×13㎝, [상아] 11㎝×6㎝, [갈색] 약간, 셀로판지 또는 투명 비닐 7㎝×7㎝, 면끈 [흰색] 두께 8㎜ 40㎝, 나무집게 5개

● A 세탁기 ● B 개 ● C 바구니 ● D 옷장

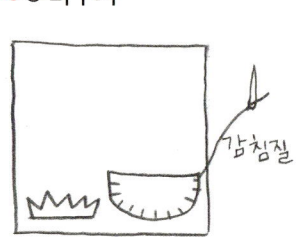
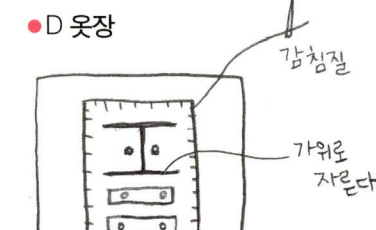

1 바탕이 될 펠트에 주머니가 될 부분을 꿰맨다. 장식물을 붙인다(펠트는 본드로 OK).

2 A와 B, C와 D를 등을 맞대어 본드로 붙인다.

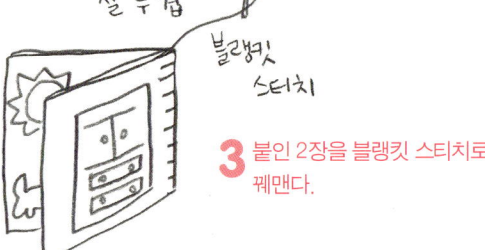

3 붙인 2장을 블랭킷 스티치로 꿰맨다.

4 면끈의 양쪽을 매듭짓고, 그림의 위치에 놓고 매듭 부위를 꿰맨다.

「케이크를 만들어요」 도안 (만드는 법은 81쪽)

〈선물〉 〈곰〉 〈하트〉

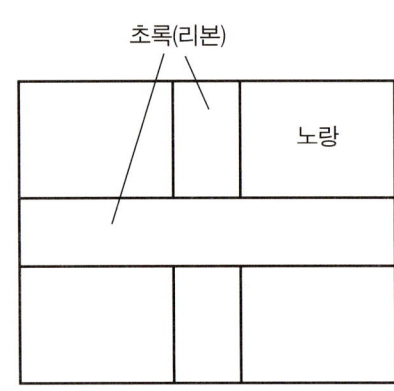
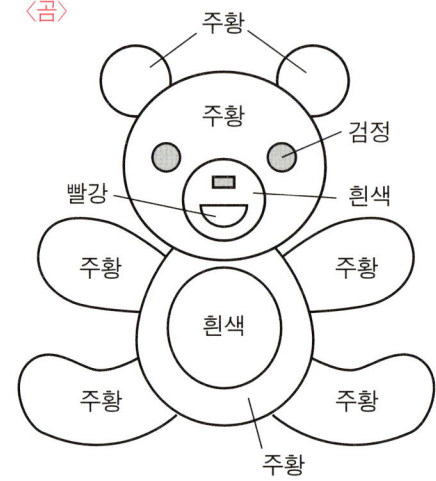

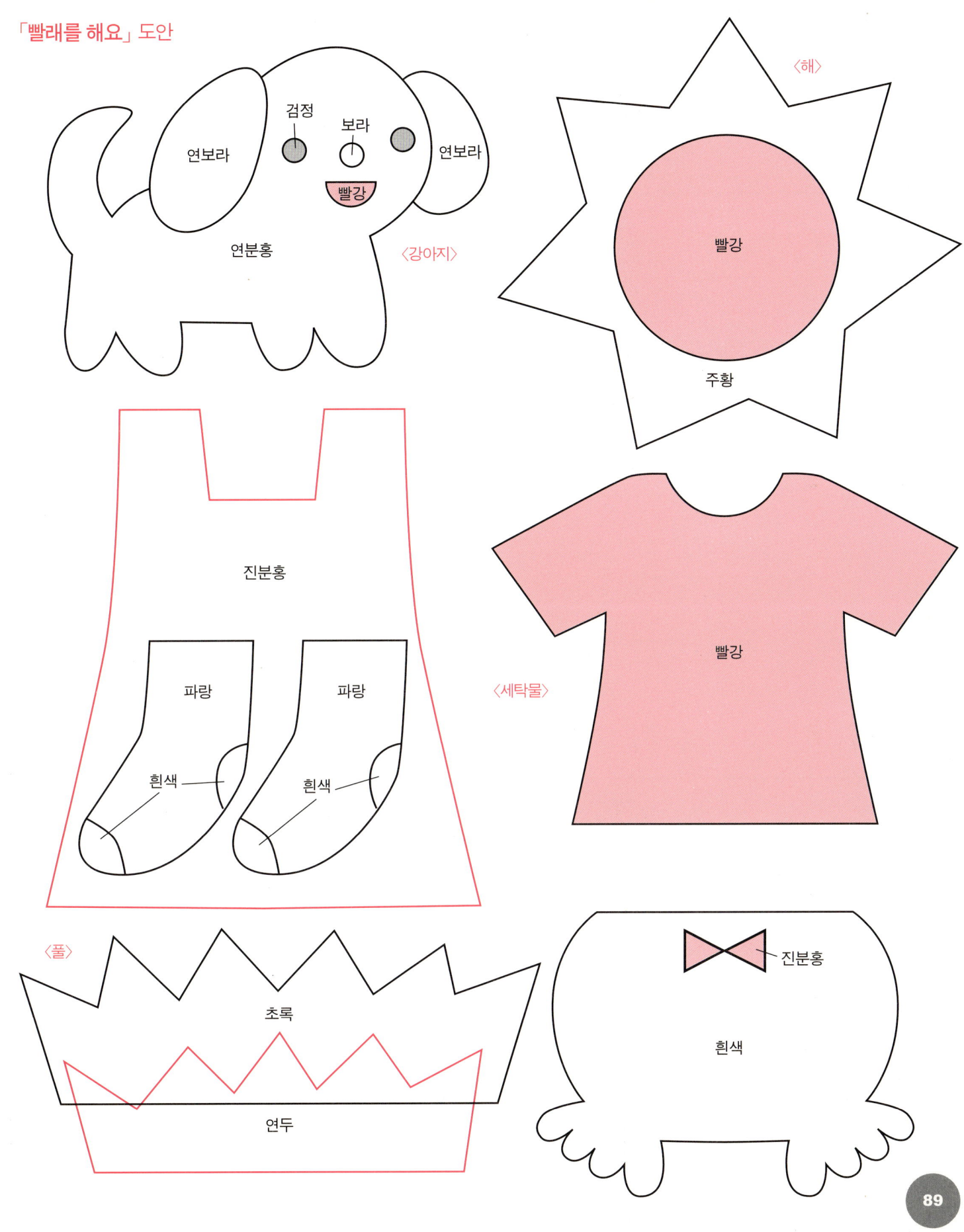

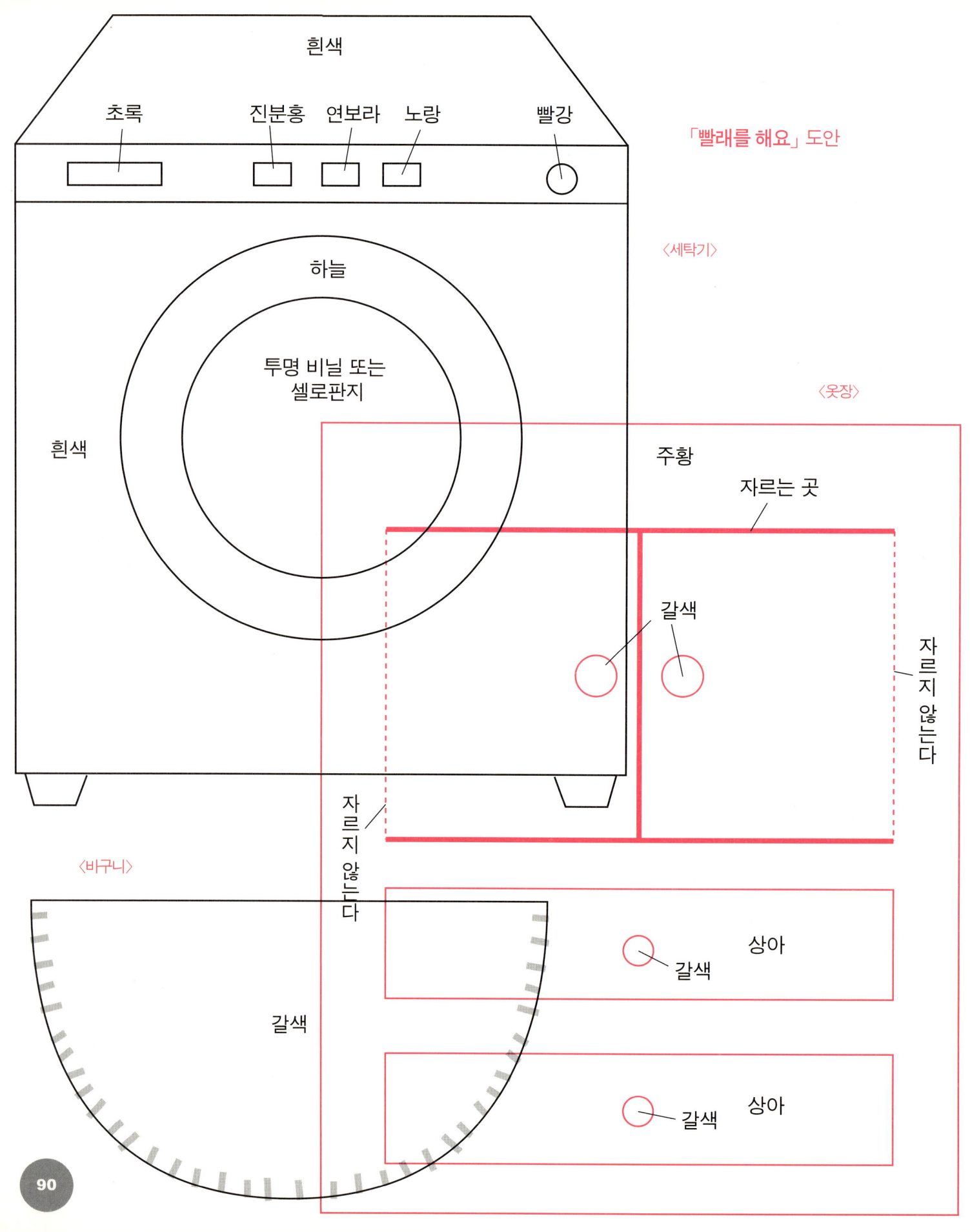

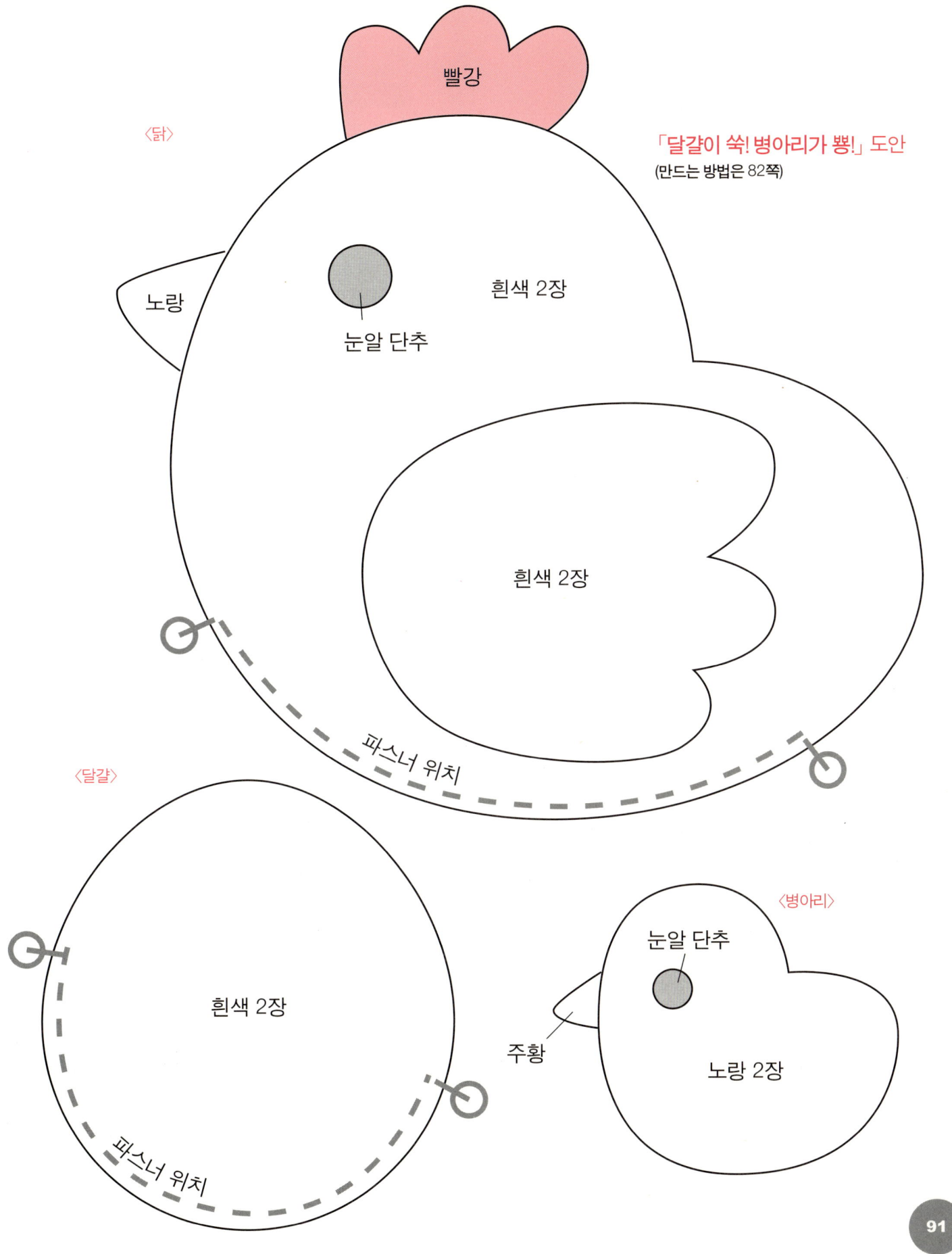

멋쟁이 가방

작품 74쪽
도안 93, 94쪽

재료
펠트 바탕 [진분홍] 20㎝×20㎝ 2장, 10㎝×5㎝, [연분홍] 20㎝×20㎝ 2장, [주황] 6㎝×4㎝, [상아 8㎝×4㎝ 소품 [진분홍] 20㎝×20㎝, [연보라] 6㎝×4㎝, [보라] 10㎝×5㎝ 인형 [살구] 15㎝×12㎝ 2장, [진분홍, 연두] 15㎝×11㎝ 각 1장, [갈색, 노랑] 12㎝×10㎝ 각 1장 기타 [빨강, 상아, 주황, 흰색, 노랑, 하늘, 연초록 약간, 원형 펠트 스티커 7㎜짜리 2개, 리본 [분홍, 초록] 폭 5㎜짜리 16㎝ 각 1줄

의사 선생님의 진료가방

작품 76쪽
도안 94, 95쪽

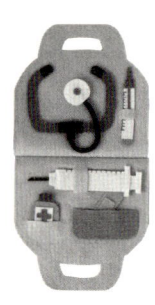

재료
펠트 바탕 [연초록] 20㎝×20㎝ 2장, 10㎝×5㎝, [상아] 20㎝×20㎝ 2장, [연분홍] 8㎝×7㎝ 소품 [회색] 13㎝×10㎝, [흰색] 18㎝×10㎝, [살구] 8㎝×3㎝, [노랑] 5㎝×5㎝, [빨강, 하늘, 상아, 검정, 진분홍, 연하늘 약간, 면끈 [검정] 폭 5㎜짜리 13㎝ 1줄

● 가방

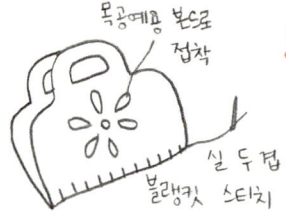

1 바탕용 펠트 4장을 가방 모양으로 자른다.
2 테두리에 본드를 바르고 다른 색끼리 붙인다.
3 진한 색이 바깥쪽이 되도록 2장을 블랭킷 스티치로 꿰매서 잇는다.
4 오른쪽 그림처럼 안쪽의 1장만 구멍을 낸다. 손가락으로 꼬집듯 집어 조금 잘라, 그 구멍에서 간격만큼 자른다. 주머니는 감침질로 단다.
5 바깥쪽에 장식용 펠트를 본드로 붙인다.

● 콤팩트

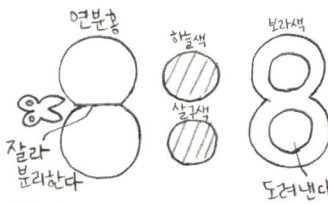

1 펠트를 도안대로 자른다.
2 끼워 붙인다. 퍼프는 손잡이 부분의 양쪽을 꿰맨다. 파운데이션 위쪽에 딱 들어맞도록 만든다.

● 거울

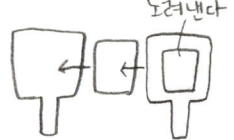

펠트를 도안대로 자른 뒤 붙인다.

● 립스틱 · 매니큐어

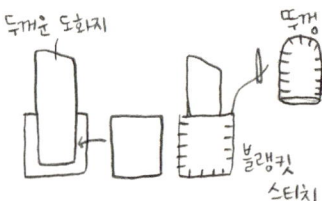

1 두꺼운 도화지에 색을 칠한다 (립스틱은 빨강, 매니큐어는 보라).
2 두꺼운 도화지를 끼워 붙이고, 테두리를 꿰맨다(립스틱은 양쪽, 매니큐어는 용기만).

● 빗

펠트를 도안대로 자른 뒤, 본드로 붙인다.

● 주사기

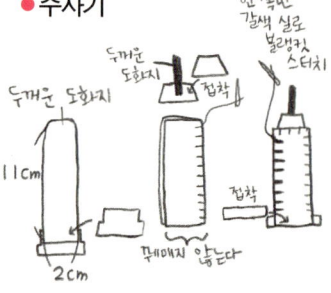

두꺼운 도화지를 끼워 각각의 부분을 붙이고 주사기 본체는 한쪽을 흰색, 다른 한쪽은 갈색으로 블랭킷 스티치로 꿰매 합친다.

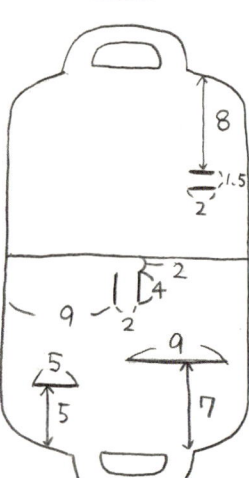

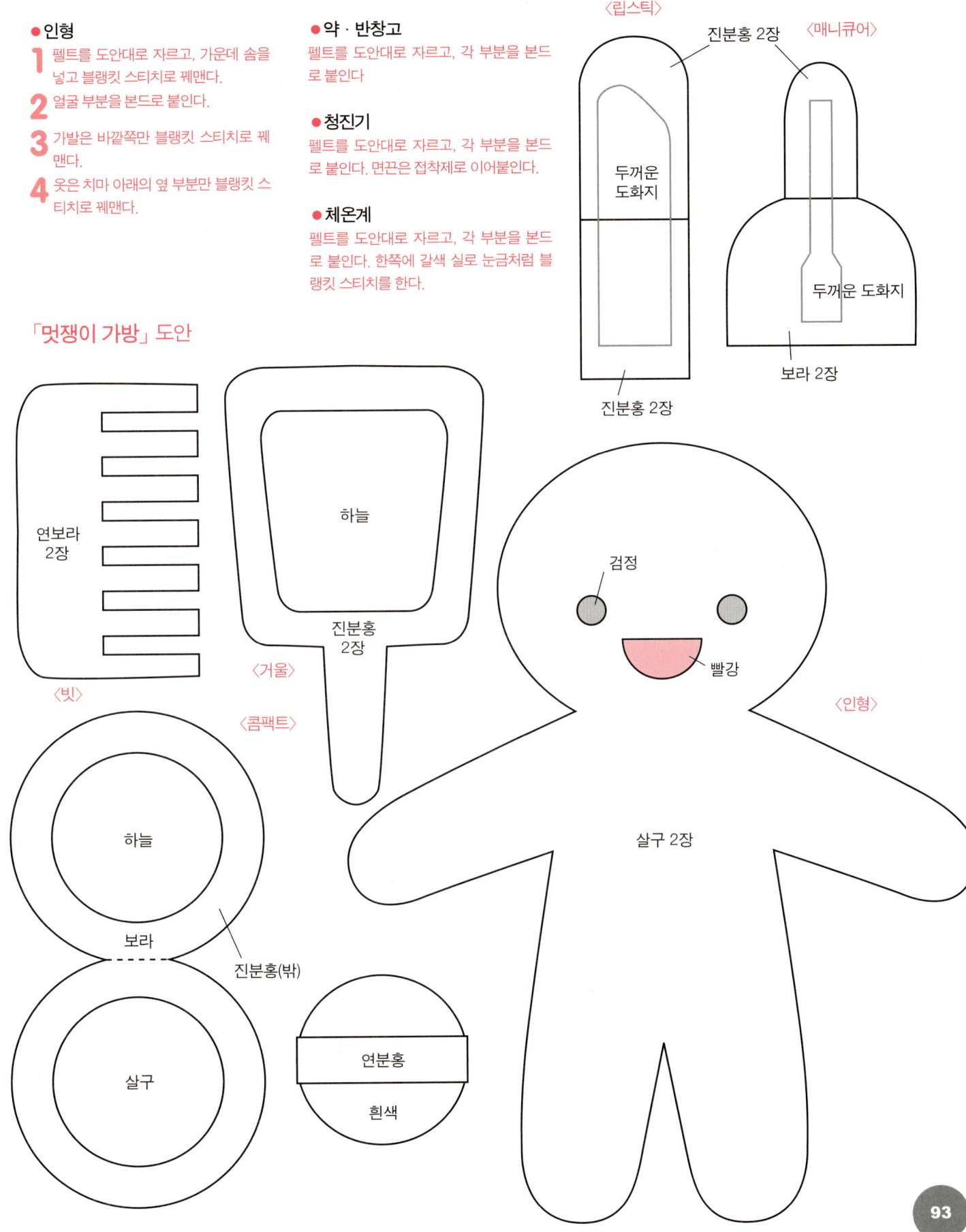

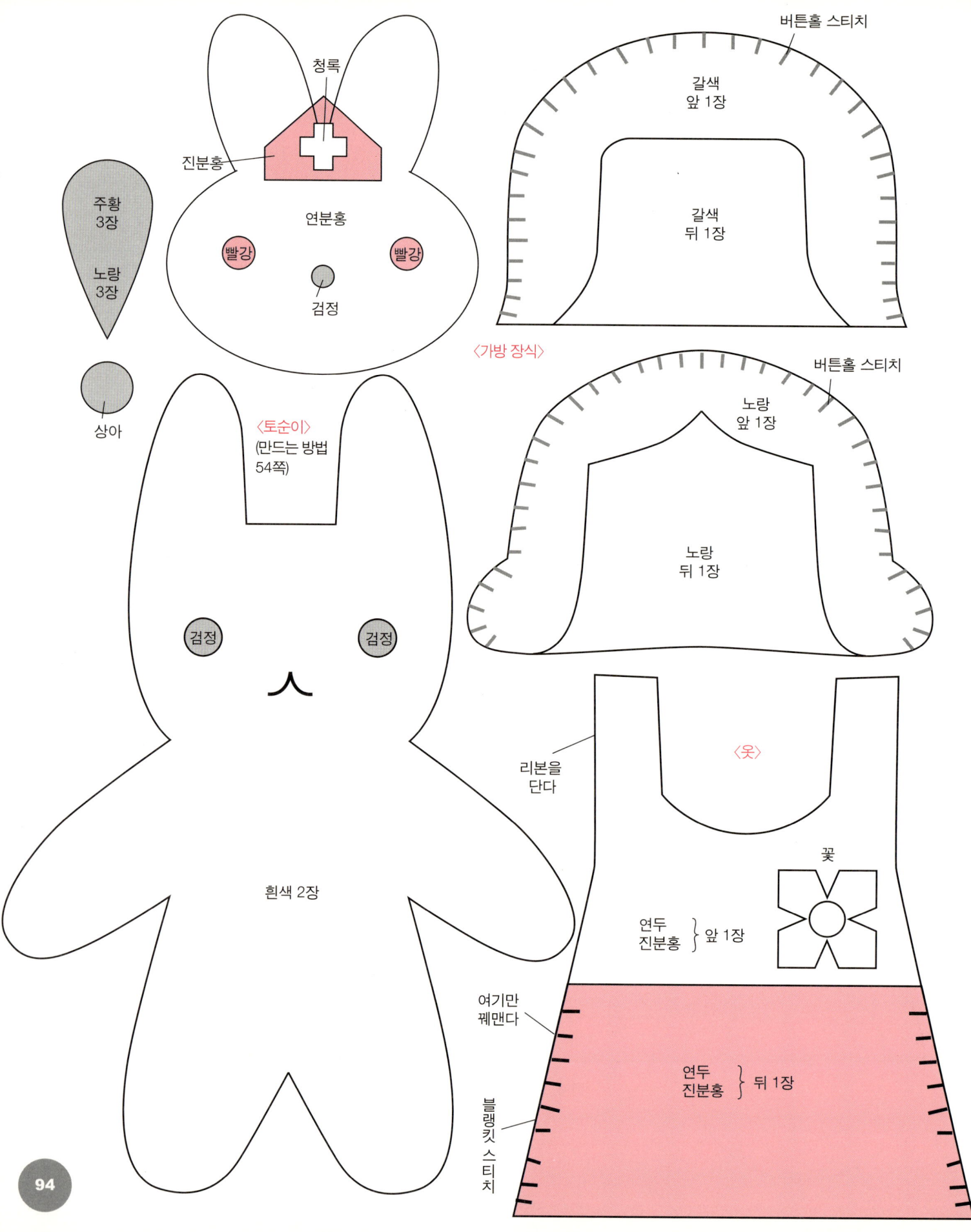

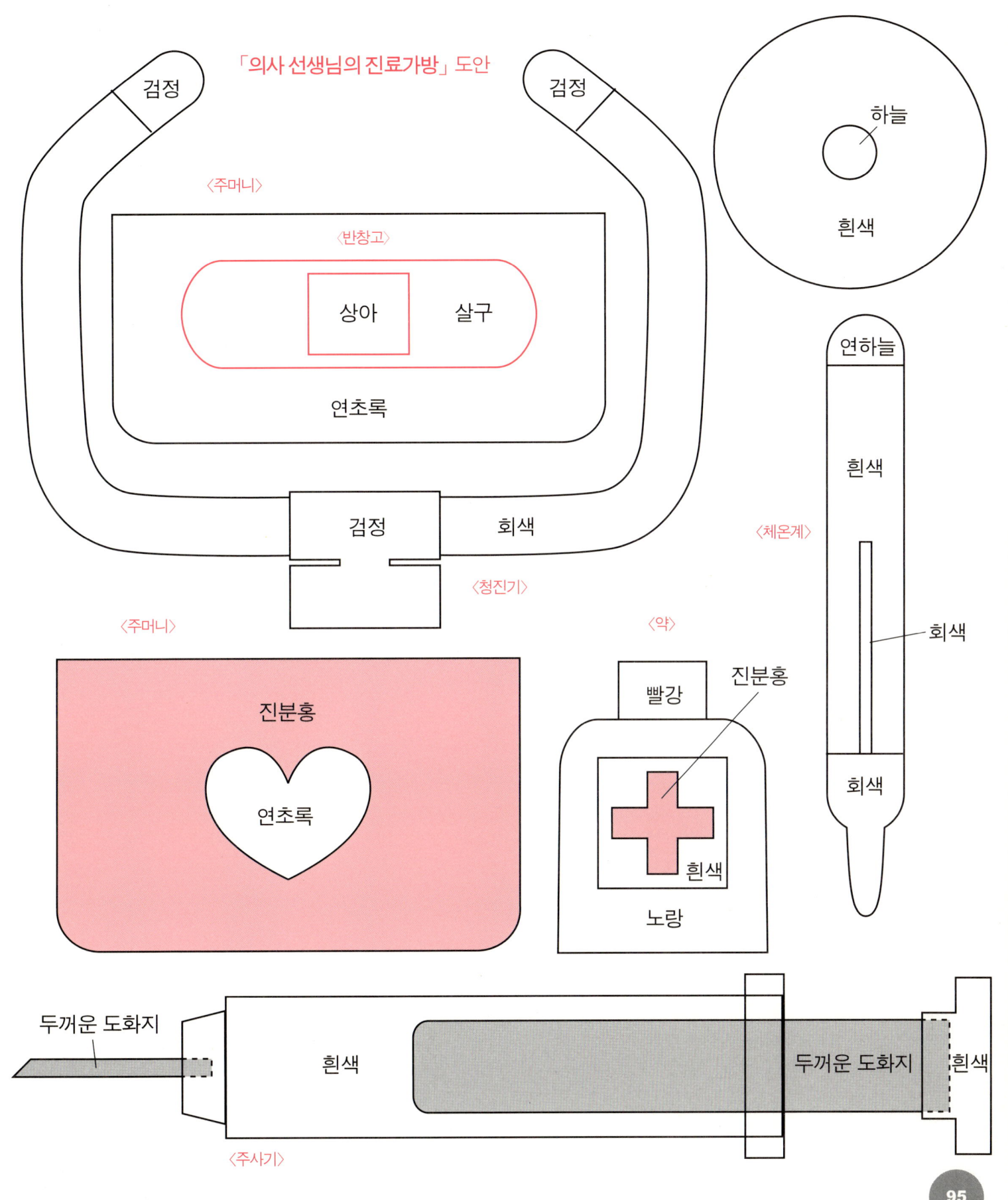

KANTAN! AIJO TEZUKURI NUNO-EHON NUNO-OMOCHA
by ISHIKAWA Mariko
Copyright ⓒ 2005 ISHIKAWA Mariko
All rights reserved.

Originally published in Japan by SHUFU-TO-SEIKATSUSHA LTD., Tokyo
Korean translation rights arranged with
SHUFU-TO-SEIKATSUSHA LTD., Japan through THE SAKAI AGENCY and BC Agency.

이 책의 한국어판 저작권은 BC에이전시를 통해 저작권자와 독점계약한 마고북스에 있습니다.
저작권법에 의해 한국 내에서 보호를 받는 저작물이므로 무단전재와 복제를 금합니다.

오감자극 엄마표 헝겊 장난감 놀이

1판 1쇄 찍은날	2011년 4월 25일
1판 1쇄 펴낸날	2011년 5월 1일

지은이   이시카와 마리코
옮긴이   임용옥
펴낸이   노미영

펴낸곳   마고북스
등록   2002. 1. 8 제22-2083호
주소   서울시 마포구 서교동 458-20 푸른감성빌딩 2층
전화   02-523-3123   팩스   02-523-3187
이메일   magobooks@naver.com

ISBN   978-89-90496-56-0 13590

ⓒ 마고북스, 2011
값은 뒤표지에 있습니다.